Ulrike Kroneck

Frauenrollen

Ulrike Kroneck

Frauenrollen

Zur Situation der Frau heute

Aus der Reihe *Frau im Dialog*,
herausgegeben von Ulrike Kroneck
und Ulrike von Essen

mvg Verlag

Bibliografische Information der Deutschen Nationalbibliothek
Die Deutsche Nationalbibliothek verzeichnet diese Publikation in der Deutschen Nationalbibliografie. Detaillierte bibliografische Daten sind im Internet über http://dnb.d-nb.de abrufbar.

Umschlaggestaltung: Morian & Bayer-Eynck, Coesfeld
Umschlagabbildung: Bettina Kumpe, Braunschweig
Redaktion: Ulrike von Essen, Buxtehude
Satz: Redline GmbH, Jürgen Echter
Druck: Ebner & Spiegel, Ulm
Printed in Germany
ISBN 978-3-636-06298-7

INHALT

Vorwort

Meine Mutter ist heute 84, sie ist eine regional recht bekannte Galionsfigur der „alten“ Frauenbewegung. 1974 begannen wir gemeinsam zu studieren: Ich war bei den Linken, den Maoisten, meine Mutter erkämpfte sich via Immaturenprüfung ihre Zulassung zum Studium.

Ich saß mit dem „Kommunistischen Studentenverband“ in der Kneipe und las „Lenin und der imperialistische Krieg“. Meine Mutter ging zur gleichen Zeit entschieden auf unseren damaligen türkischen Mieter zu: „In meinem Haus und in meinem Garten werden keine Kinder geschlagen.“ Sie nahm auch später die Tochter dieses Mieters unter ihre Fittiche – der nach Ansicht ihrer Brüder nicht der schlechteste Mann ausgesucht worden war, denn dieser schlug sie nur bisweilen – und vertrat die Ansicht, dass Frauen grundsätzlich nicht geschlagen werden dürfen!

Ich war schon damals ein wenig beschämt. Mit meinen 20 Jahren hielt ich meine Mutter zwar entschieden für zu mütterlich in ihrem Blick auf das Kleine, Rührende, das sie bekümmerte. Ich hatte mit den selbstsicheren kommunistischen Schlauköpfen das Große im Visier, den Klassenkampf, und sah meine Mutter in ihrer Sentimentalität im zwar ehrenwerten, aber doch unnützen Tun versinken. Zumindest in Hinsicht auf die grundlegende Veränderung der Welt, die ich für die Voraussetzung jeglicher Maßnahmen hielt, die den Menschen weiterhelfen könnten. Aber ich fühlte mich doch irgendwie unwohl und spürte, dass es ein wenig vermessen von mir mit meinen 20 Jahren war, darüber bestimmen zu wollen, wie die ganze Welt sich zu ordnen habe, und darüber zu urteilen, welche Dinge auf diesem Weg klein und unwichtig und welche Dinge groß und bedeutend seien.

Meine Mutter hat damals spontan aus ihrem grundlegenden Gerechtigkeitssinn gehandelt und hat sich nicht darum geschert, was irgendwelche normensetzenden politischen „Vorbeter" sagten.

Damals aber waren die Linken der Meinung, dass es sich beim schlagenden Türken um seine von uns zu respektierenden kulturellen Eigenheiten handelte. Oder – wenn sie dieses Verhalten denn kritisierten – erstellten sie eine Prioritätenliste, was zuerst revolutioniert werden müsse und was in zweiter Linie zu folgen habe. In zweiter Linie – könne man sich auch um die Frauen kümmern!

Meine Mutter ließ all das nicht gelten und maß – und misst noch heute – das, was sie sieht und erfährt, an dem, was ihrer Meinung nach zur Würde eines jeden Menschen gehört: Freiheit und körperliche Unversehrtheit. Ob Unrecht in ihrem Garten oder in Bosnien geschieht.

An diese Szene in unserem Garten erinnere ich mich heute – im Jahr 2007. Vielleicht liegt es daran, dass sich einige Stimmen erheben und fragen, ob wir eine „neue" Frauenbewegung brauchen. Darunter auch jüngere Frauen, deren Eltern wie ich bereits im Genuss der Errungenschaften der so genannten „alten Frauenbewegung" aufgewachsen sind. Es sind Frauen, die mit einer gewissen Nonchalance, aber selbstbewusst die rechtliche Gleichberechtigung der Frauen in Deutschland hingenommen haben, als sei es das Selbstverständlichste der Welt. Im Grunde habe ich das auch getan. Meine Mutter kämpfte in den 1970ern gemeinsam mit anderen Frauen für mich, ohne dass ich ihr das damals gedankt habe. Ich habe alles, was diese „alte Frauenbewegung" erreicht hat, ebenfalls als große Selbstverständlichkeit betrachtet. Ohne mich groß durchboxen zu müssen, konnte ich als Frau meinen beruflichen Weg gehen. Ich habe mich daran gewöhnt, dass Frauen die gleichen Rechte haben – dass ich als Frau emanzipiert sein kann.

Vielleicht liegt es aber auch an meinem Alter, dass ich mich so lebhaft an diese Szene im Garten erinnere – mit dem 50. Lebensjahr wird der Mensch offenbar sensibler für historische Dimensionen und hat einen anderen Blick auf die Zeit, die vergangen ist. Es ist erst 30 Jahre her, dass diese selbstverständlich gewordenen Rechte und auch Lebensmuster so allgemein verbreitet sind in Deutschland und im westlichen Europa. Frauen haben heute – das sollten wir nicht vergessen – im Vergleich zu früher großartige Bedingungen und Möglichkeiten sich und ihre Person zu entfalten.

Heute – so scheint es – haben wir zusätzlich zur rechtlichen Gleichberechtigung nun auch die völlige „weibliche" Gleichberechtigung. Denn seit etlichen Jahren vermehrten sich nach und nach – so sieht es aus – die Bilder von den hingebungsvollen, erotischen, „weiblichen" Frauen. Das Bild der modernen, emanzipierten Frau scheint sich heute endgültig um eine früher völlig vernachlässigte Seite komplettiert zu haben. Es gibt sie nicht mehr, die „humorlosen" Frauen, die körperlosen „Emanzen", die kämpften und nie zufrieden waren und die ununterbrochen meckerten, sondern die Frauen sind „weiblicher" geworden, zeigen ihre schönen Körper. Frauen scheinen endlich erotisch und emanzipiert zugleich sein zu können. Das sieht zunächst aus wie ein später Erfolg der 68er Revolution – der sexuellen Revolution!?

Im Lauf der Jahre hat mich ein immer stärkeres Unwohlsein beschlichen. Ich finde es zunehmend unerträglicher, täglich von Paris Hilton und Verona Pooth, Zickenkriegen und selbsternannten Ludern auch in meiner „seriösen" Tageszeitung lesen zu müssen. Mich packt die kalte Wut, wenn in einer Situation, in der in dieser Gesellschaft die Arbeitsplätze rar werden, die merkwürdige Diskussion aufkommt, dass Frauen in ihrer Mutterrolle aufgehen und ganz ihre „Natur" und ihre „Bestimmung" leben sollen. Ich denke, Frauen müssen sich in

Acht nehmen vor diesen medialen Rollenvorbildern und den Zuweisungen, wie „Frau" heute zu sein hat.

Ich möchte – auch mit dem Blick meiner kämpferischen, emanzipierten und sozial engagierten Mutter – zurückschauen auf das, was Frauen durchgesetzt haben, und als Tochter aufmerksam das bewahren und erweitern, was sie mir überlassen will. Damit die Enkeltöchter ihrer Generation morgen nicht plötzlich feststellen müssen, dass sie um ihre mütterliche Mitgift gebracht wurden.

Ulrike Kroneck

Buer-Sehlingdorf im Juni 2007

1.
Die neuen Weibchen

Reduziertes Rollenrepertoire

Die „neuen Weibchen“ springen uns regelrecht an. Überall, auf Plakaten und Zeitschriften, in der Werbung und auch in Fernsehfilmen wird sie uns präsentiert: nackte Frauenhaut.

Welche Zeitschrift wir auch aufschlagen, welche Fernsehzeitung wir auch befragen, um unser Programm zusammenzustellen: Gestylte nackte Frauenkörper mit aufgeblasenen Brüsten verstellen uns den Blick. Es ist selbstverständlich geworden, dass auf meiner Fernsehzeitung alle 14 Tage irgendein prominenter Frauenbusen abgebildet ist, mit einem Gesicht, das austauschbar geworden ist, denn schließlich zählt ja fast nur, was sich unterhalb des Halses abspielt. Ist die Brust echt oder nicht, ist eine meiner ersten Fragen. Gesicht und Busen sind so genormt und ununterscheidbar geworden, dass ich mich meist mit Blick auf das Datum vergewissern muss, ob ich in der richtigen Woche suche.

Wir stoßen hier auf eine Weiblichkeit, die sich in einer Weise präsentiert – oder präsentieren lässt? –, die doch irgendwie befremdet. Diese Frauen sind aufreizend gekleidet, sie zeigen tiefe, bis zu den Brustwarzen reichende Dekolletés, sie lächeln kokett und herausfordernd von überdimensionalen Plakaten. Sie turnen durch Boulevardsendungen, interviewen im Glitzerkleidchen ebenfalls knapp bekleidete Mädchen, fragen nach Modetrends, den neusten Diäten, nach „wer mit wem und warum".

Sie laufen vor unseren Augen hin und her wie vor einem großen Spiegel, in dem sie sich betrachten. Sie stellen sich in ihrer partiellen Nacktheit zur Schau. Sie blicken (vordergründig) selbstbewusst und selbstverliebt in das voyeuristische Stellvertreterauge des Kameramanns: Wir sehen Frauen, die ein unsichtbares Etikett mit sich herumzutragen scheinen: „Schaut her, wie schön ich bin, wie weiblich ich bin!"

Diese Frauen sind so in Szene gesetzt, als seien sie, was sie in der Zoologie als „Weibchen" kennzeichnen würde. Sie zeigen die sekundären Merkmale ihres biologischen Geschlechts und sie stellen sie dem Publikum zur Schau: ihre Brüste und ihren Hintern.

Als Weibchen werden in der Zoologie die weiblichen Tiere aller vorkommenden Tierarten benannt. Wir unterscheiden die Weibchen von den Männchen, weil sie bei der Fortpflanzung eine andere Funktion haben. Der Begriff „Weibchen" kennzeichnet in erster Linie die biologische Fähigkeit zur Fortpflanzung. Als Männchen bezeichnen wir das passende Gegenstück im biologischen Reproduktionsprozess. Weibchen und Männchen sind ein zusammengehöriges Begriffspaar, das die Fortpflanzungsweise einer Art kennzeichnet, die in zwei Geschlechter ausdifferenziert ist.

Warum nennen wir diese oben charakterisierten Frauen „Weibchen"? Warum bezeichnen wir diese Frauen nicht einfach als „weiblich"? Warum sträuben sich emanzipierten Frauen die Nackenhaare, wenn dieses Verhalten als moderne „Weiblichkeit" hingestellt wird? Weiblichkeit ist mehr als die rein biologische Geschlechtsbestimmung. Wenn wir von Männlichkeit und Weiblichkeit sprechen, dann meinen wir nie nur die Fortpflanzungsfähigkeit (eigentlich denken wir heute daran erst in letzter Linie!), sondern sprechen immer auch von dem, was für uns sozial und kulturell zu Weiblichkeit und

Männlichkeit gehört. Und darunter verstehen unterschiedliche Menschen sehr unterschiedliche Dinge. (*Siehe* Was ist „gender"? Von Geschlecht und Sexus, S. 116)

Weiblichkeit wird bei den Menschen also durch biologische und soziale Faktoren bestimmt, könnten wir vereinfacht sagen. Das Wort „Weib" wird heute im Deutschen nicht mehr benutzt, hatte es doch zu viele negative Implikationen.

Heute kennt die deutsche Sprache nur alberne, keifende, heulende Weiber. Oder sie sind hysterisch, klatschsüchtig, falsch, gehässig und schlampig. „Benimm dich nicht wie ein altes Weib!" fordert auf, nicht so ängstlich und zimperlich zu sein. Alte Weiber tratschen und klatschen. Jüngere Weiber sind eher liederlich und schlecht. Männer pfeifen schon mal anerkennend: „Ein tolles Weib", wenn sie eine Frau interessant finden, aber meist finden wir alte, zittrige, verhutzelte und vertrocknete Weiblein. Nur wer heute noch ältere Bücher liest, findet Ausdrücke wie „ein kräftiges, gesundes, blühendes, schönes, üppiges, begehrenswertes, anmutiges, zartes Weib"[1].

Frauen sind „weiblich", und dieses Adjektiv beschreibt ihr biologisches Geschlecht, aber auch das, was – landläufig – unter Weiblichkeit verstanden wird. (Wenn Frauen fraulich genannt werden, dann meint man meist, sie seien „moppelig"!)

Mit „neuen Weibchen" ist gemeint, was dieses Wort im Wortsinne meint: die Reduktion der Frauen auf die nackte Funktion ihrer Geschlechtlichkeit. Wie ein Banner tragen sie diese Geschlechtlichkeit vor sich her – oder aber werden so in Szene gesetzt – und scheinen darüber hinaus stolz zu sein auf diese Vereinseitigung ihrer Person auf die „biologische" Präsentation.

Selbstbewusst und unemanzipiert

Ist Reichtum und Erfolg ein Zeichen weiblicher Emanzipation? Oft sind die in den Medien präsentierten Frauen erfolgreich, selbstbewusst und reich, sind „schön" im Sinne des landläufigen Ideals. Sie können sich aus eigener Tasche eine Villa auf Mallorca kaufen, schreiben Bücher, die gedruckt werden, weil ihre Exfreunde auch schon hohe Auflagen erzielten, wie damals Naddel, Nadja Abd el Farrag („Ungelogen!" – so der Titel), die als Freundin von Dieter Bohlen bekannt wurde. Sie haben Agenten, die für sie arbeiten, sie sind berühmt. Sie sind finanziell nicht angewiesen auf einen Mann.

Trotzdem basiert ihr momentaner, möglicherweise auch nur kurzfristiger Erfolg auf der Verkörperung der einen Rolle, die sie perfekt ausfüllen und für deren Verkörperung diese Frauen auch eingekauft werden: das Weibchen. Ob sie andere Qualifikationen haben, ob sie in der Lage sind auch anders aufzutreten, also eine andere Rolle zu übernehmen, steht dabei nicht zur Debatte. Sie geben sich nicht emanzipiert, denn emanzipiert heißt: befreit. Sie aber sind gefangen in der selbst gewählten sexistischen Ecke, in der sie posieren.

Verona Pooth kokettiert mit ihrer (angeblichen) Schlichtheit, wirbt mit mangelnden Grammatikkenntnissen („Hier werden Sie geholfen!"). Mit Sicherheit ist diese Frau nicht dumm, bedient jedoch gekonnt das Klischee „schön, aber blöd". Sie punktet mit ihrer Figur, ihren Brüsten, mit – wie sie selbst sicher sagen würde – „ihrer Weiblichkeit". Sie setzt aufs Weibchen, und darauf zu setzen ist wohl die lukrativste Karte für Frauen in der Werbeöffentlichkeit.

Wiener Opernball 2007

Redakteure, die sich als politische Fachleute verstehen, platzieren das ausdruckslose Gesicht der ***Paris Hilton*** auf der ersten Seite der Neuen Osnabrücker Zeitung. Die politische Aussage dieser Nachricht ist gleich null. Alle männlichen und weiblichen JournalistInnen sagen dieser Frau durch die Bank mit herablassendem Vergnügen Dummheit exorbitanten Ausmaßes nach. Warum aber zeigen sie uns immer und immer wieder ihre Bilder? Offenbar ist das Interesse der ZeitungsmacherInnen an diesen Personen doch noch größer als ihr Zynismus: Denn „sex sells“!
Britney Spears wird aus dem Taxi steigend abgelichtet und uns mit der Mutmaßung „mit oder ohne Höschen“ präsentiert. Warum?

Natürlich ist das nicht über Nacht gekommen. Oder doch?

Diktat der Entblößung

Die Bilder entblößter Frauen haben sich so langsam in unseren Alltag geschlichen, dass wir sie fast für selbstverständlich halten. Sie scheinen zu unserer Gegenwart dazuzugehören, signalisieren uns, dass wir fortschrittlich und frei sind. Diese Bilder sind so normal geworden, dass, wenn wir uns mokierten, wir uns für unnormal hielten, für altmodisch und verklemmt. Wir sind durch die permanente Infiltration mit nackten Körperteilen immun geworden dagegen, dass mit diesen Bildern mehr transportiert wird als ein angeblich „erotischer“ Frauenkörper, dass es möglicherweise nicht um Freiheit geht, jedenfalls nicht um die Freiheit der Frauen.

Weibchen machen Schule

2003 schrieb die Schulleiterin der Gesamtschule in Sehnde einen Brief an die Eltern, über den in der überregionalen Öffentlichkeit von BILD bis RTL ein Streit entbrannte. Sie bat nämlich die Eltern, dafür zu sorgen, dass die Schülerinnen so angezogen zum Unterricht erscheinen, dass ein konzentrierter Unterricht möglich würde. Bauch- und rückenfreie T-Shirts oder sehr kurze Röcke und Shorts seien in der Schule nicht angebracht. Während der Elternrat die Empfehlung der Schulleitung unterstützte, wurde öffentlich um die Frage gestritten, ob es sich hier um einen prüden Angriff auf die Freiheit handelte oder den berechtigten Schutz der anderen und der Schülerinnen selbst vor modisch verordneter Nacktpräsentation.

Zwar ist der Trend „bauchfrei“ fast wieder vorbei, aber die Mode diktiert zurzeit eine „sehr körpernahe“ Kleidung. Damit wir (oder die Männer?) alle sehen, wie es darunter aussieht! Wer in den Mode-Ketten für Jugendliche, wie beispielsweise Hennes & Mauritz, Unterwäsche für ganz junge Mädchen sucht, hat meist einen String-Tanga in der Hand! Vieles, was heute Mode ist, verdiente das Etikett „Flittchen-Mode“ (EMMA 1/2007, S. 145).

Vor allem alte Herren, die ja in der Regel in den Leitungsgremien von Sportverbänden sitzen, versprechen sich etwas von leicht bekleideten Frauen:

„Laut den Bekleidungsvorschriften des Internationalen Volleyballverbands dürfen Frauen beim Beachvolleyball zwar zwischen Ein- oder Zweiteilern wählen, aber Schlabber-Look ist verboten. Stoff für die Beine ist nicht nur völlig untersagt, der Stoffrest muss darüber hinaus an der Hüfte in ‚ansteigendem Winkel‘ geschnitten sein – in Zentimetern gesprochen darf der Bund der Hose nicht breiter als 7 cm sein … Beispiel: Bei der Hallen-WM

> *1999 ist diese Kleiderregel, die leicht abgeändert auch für Indoorvolleyball gilt, eingeführt worden. Dort ist gegen fünf Teams wegen ‚zu weiter und ausgebeulter' Trikots eine Strafe von 3000 $ verhängt worden."*[2]

Durch die Verkleinerung der Hosen auf die Hälfte konnten die Einschaltziffern bei TV-Übertragungen verdoppelt werden.

Meine Schwiegereltern und die Nackten im Fernsehen

Vor einigen Jahren sah ich einmal mit meinen über 80-jährigen Schwiegereltern einen spannenden Thriller im Fernsehen. Als es zur Andeutung eines leidenschaftlichen Geschlechtsverkehrs zwischen dem Hauptdarsteller und der Hauptdarstellerin kam, erhoben sich beide tief empört und verließen den Raum mit den Worten: „Das reicht uns jetzt, immer Sex, immer Nackte. – Nichts können wir uns mehr ansehen, selbst bei ‚Ein Fall für zwei' liegen sie im Bett." Ich war amüsiert – aber seitdem erinnere ich mich immer wieder an diesen Auftritt, wenn ich in einem Film selbstverständliche Sexszenen sehe, die zur Handlung und zum Verständnis eines Themas oder einer Problematik nichts, aber auch gar nichts beitragen.

Wenn die Aufmerksamkeit also erst einmal geschärft ist und das Phänomen der uns umzingelnden Nacktheit ins Bewusstsein vorgedrungen ist, kann eigentlich kein Mensch, weder Mann noch Frau, ohne verwundertes Kopfschütteln die Darstellung weiblicher Körper, oder besser Körperteile, in den Medien wahrnehmen.

Es gab mal eine Zeit, in der das anders war. Ende der 1970er und Anfang der 1980er Jahre wären viele Frauen, die sich als emanzipierte Frauen verstanden, über diese Art der Darstellung empört gewesen. Heute scheinen wir bereit, die Entblößung der Frauen als „erotische" Präsentation von Weiblichkeit anzusehen. Wird doch überall gezeigt, wie sexy, hübsch und gleichzeitig selbstbewusst die moderne junge Frau und die jungen Mädchen sich geben können. Welche aufmerksame ältere Frau erinnert sich nicht, dass in den 1980er Jahren immer wieder Eingaben wegen sexistischer Darstellung von Frauen beim Deutschen Werberat gemacht wurden? Initialzündung war der Prozess, den die Zeitschrift EMMA 1978 gegen den *Stern* anstrengte: EMMA ging gegen die Darstellung des schwarzen Werbemodels Grace Jones vor, die lächelnd und in Fußketten auf der Titelseite posierte, aufgenommen von Helmut Newton. Diese Aufnahme war dazu angetan eine einfache Assoziationsreihe in Gang zu setzen: dunkelhäutige Frau, gehalten wie ein wildes (= leidenschaftliches) Tier. Damit machte EMMA die Öffentlichkeit wachsamer und förderte die Bereitschaft, mehr darauf zu schauen, „was" gezeigt wurde, welche Aussagen und Inhalte in einer bestimmten Art von Darstellung mittransportiert wurden. Damals wurde das Werben mit nackten Frauen, die wie ein Objekt einem beliebigen Produkt beigefügt wurden, schlicht und einfach beim Namen genannt: Sexismus in der Werbung.

Heute gilt diese Darstellung nicht mehr als „sexistisch" – heute gilt sie als „sexy". Es besteht ein Trend zur Nacktpräsentation in der Werbung auch bei Männern, aber Frauen sind „schneller dran mit dem Ausziehen", meint Ariadne von Schirach. Das heute so verbreitete Wort „sexy" wird zum Schlüssel für eine ganz neue nackte Welt, eine pornographisierte Welt. „Die Körper sind explodiert, und die Anteilnahme ist erkaltet", sagt sie in ihrem Buch „Der Tanz um die Lust". Die Reaktion auf die fortschreitende Pornographisierung besteht in der unablässigen Selbstoptimierung.[3] Auch die Sprach- und Medienwissenschaftlerin Nicole Wilk ist der Ansicht:

„Das einstige Schnüren und Kaschieren ist dem Enthüllungsimperativ gewichen. Dabei verfolgt Mode nicht mehr das Ideal der Passgenauigkeit wie bis Mitte des 20. Jahrhunderts, es wird im

Gegenteil dafür gesorgt, dass, scheinbar unbeabsichtigt, beim Bücken oder Strecken, der Blick auf Brust, Bauch und Po freigegeben wird. Damit der scheinbar grenzenlos formbare Körper dem Schönheitsideal so weit wie möglich entspricht, werden neben Pflege und Kosmetik Schönheitsoperationen zur erschwinglichen Option.“[4]

Bei dieser sichtbaren und entblößten Geschlechtlichkeit der Frauen, die durch höchstmögliche Selbstkontrolle ihre Sexyness aufmöbeln, geht es um die Wirkung auf diejenigen, die diese Geschlechtlichkeit anmacht: entweder ein potenzieller Geschlechtspartner oder das eigene Ich, das durch den Blick in den Spiegel, mit den Augen des Fremden (Mannes), sich selbst betrachtet. Die pornographischen Strategien sprechen uns als Gattungswesen an. Das sexy Weibchen lockt das Männchen.

In der Auslage – Selbstpräsentation

In der Sendung „Are U hot? – dein Gesicht, dein Body, dein Sexappeal! Zeig was du hast!“ – des Jugendsenders VIVA lassen sich junge Weibchen und Männchen in den drei genannten Kategorien mit Punkten bewerten und stehen dann so lange in Bikini und Highheels oder in Badehose mit ihrem Waschbrettbauch vor der Kamera, bis eine andere Person in ihrer Geschlechtskategorie noch mehr Punkte bekommt.

Die Weibchenrolle – keine ironische Inszenierung

Viele Frauen meines Alters haben es nicht für möglich gehalten, dass Frauen freiwillig das Weibchen spielen. Als die ersten auftauchten, dachten meine Freundinnen und ich noch, dass diese jungen Frauen mit dieser Rolle kokettierten, dass sie sie in hintergründiger Weise „zitierten“ – wie einen Text aus vergangenen Zeiten. Dass sie die Männer möglicherweise an ihren eigenen Klischees an der Nase herumführten, um daraus Kapital zu schlagen. Mittlerweile greift die beklemmende Gewissheit, dass die Weibchenrolle eine der wenigen Rollen ist, die Frauen erlaubt ist mit aller Inbrunst zu leben. Sie ist ernst gemeint und nicht ironisch inszeniert.

> *„Wir jungen Frauen hielten die Gleichberechtigung für selbstverständlich. Dann kokettierten wir mit altmodischen Rollen. Und nun leben wir plötzlich wieder in einer Männerwelt“, schreibt Heike Faller in der ZEIT.*[5]

Die Lust, in alte traditionelle Frauenrollen zu fallen, hatte für viele Frauen den unangestrengten Reiz des Spiels, bis sie begriffen, dass der traditionelle Blick einhergeht mit dem sexistischen Blick auf die Frauen, und die beklemmende Erkenntnis dämmerte, dass das, was sich mit einem Mal auf breiter Fläche präsentierte, so ironisch – wie nachsichtig vermutet – gar nicht war.

Wir Frauen zwischen 40 und Mitte 50 haben uns lange Zeit nicht getraut dagegen zu sprechen, denn schließlich „meckern“ nur „unsexy alte Weiber“, und wir wollten uns nicht dem Vorwurf aussetzen, dass der Neid der Alten auf die schönen Jungen uns zum „bösen alten Weib“ mache. Schließlich wollten wir auf keinen Fall prüde sein – so prüde wie die „Emanzen“, so spröde wie die „alte Frauenbewegung“, die, wie Thea Dorn[6] meint, fürchtete, „sich bereits in dem Moment ins Patriarchat zu fügen, in dem sie den Lippenstift aus der Tasche holt“. Diese alte Frauenbewegung war – angeblich – lustfeindlich, humorlos und rigide. Ob Frauen damals überhaupt die Energie hatten, humorvoll zu sein, ist eine andere Frage. (*siehe* Wer um Gleichstellung kämpft, hat für andere Dinge nicht viel Zeit, S. 103). Wir haben uns bewusst feminin gekleidet und fanden es amüsant, wenn uns im Büro ritterlich beigesprungen wurde, wenn wir bepackt mit Tasche und Mantel auf hohen Hacken nicht selbst die Türen öffnen konnten. Wir haben uns langsam einlullen lassen von dem Lied von der emanzipierten Frau, die weiblich und gleichberechtigt sei, die es sich erlauben kann, „sexy" zu sein, ohne deshalb ihre Stärke zu vergessen und die Emanzipation an der Garderobe abzugeben. Und plötzlich stehen wir der nackten Realität gegenüber und kratzen uns am Haupte.

Alt sein verboten

Ein weiteres Kennzeichen biologischer fortpflanzungsfähiger Weiblichkeit ist die Jugend. Weibchen müssen jung sein, denn nur ein junges attraktives Weibchen lockt das Männchen zur Fortpflanzung. Da wir Menschen unsere Sexualität jedoch unabhängig vom Fortpflanzungsgedanken – der jedoch letztlich dem ganzen Spiel zugrunde liegt – leben können, ist nicht die Fortpflanzung Ziel der Sache. Eigentlich ist es die Freude am Sex. Aber um Sex selbst geht es nicht mehr, es ist nur ein „Als-ob", es geht lediglich um den Reiz des Lockens. Denn obwohl auch ältere Menschen die Freude am Sex teilen, vermittelt die Medienwelt uns nur junge Frauen, die auf jeden Fall noch geschlechtsreif sind: Auf diese Weise spiegeln die Auswahlkriterien die Ansprüche eines ominösen allgegenwärtigen balzenden „Männchens". Es werden junge Frauen ausgewählt und dargestellt, und – wollen sie den medialen Ansprüchen genügen – müssen sie zeigen, was sie zu bieten haben!

Frauen dürfen auf keinen Fall alt sein, sie dürfen keine Falten haben, kein Gesicht, das ihre Erfahrung zeigt, ihre Lebensfülle und ihre Reife. Ältere Frauen lassen sich also „verjüngen", lassen sich operieren und versehren. Denn – so verordnet die heutige Modeästhetik: Attraktive Frauen sind jung. Eine groteske Logik, der die Frauen, und es sind immer mehr, aufsitzen, denn durch die „kosmetischen“ Verunstaltungen wird nicht mehr Jugendlichkeit bewahrt, sondern auf Dauer lediglich sichtbar, dass dort eine Frau ist, die sich hat fangen lassen von ihrer Furcht vor dem Alter.

Lieselotte Pulver – welch ein wunderbares lebendiges Gesicht hatte diese Frau – schockierte nicht nur mich während der diesjährigen Verleihung der „Goldenen Kamera“ mit einem starren maskenhaften Gesicht, das nichts von ihrem wunderbaren Charme widerspiegelt. Sie schien es zu spüren, senkte die Augen, schaute nicht direkt in die Kamera. Wie kann eine Frau sich nur so hinrichten lassen! „Das Geheimnis meines Lachens“ lautete der Titel eines ihrer autobiographischen Bücher. Es ist zum Weinen – mit diesem Gesicht hat sie nichts mehr zu lachen.

„Frauen, die mit ihrer Brustform nicht zufrieden sind, können durch eine Brustvergrößerung ihre weibliche Ausstrahlung positiv verändern und in eine gute Proportion zum restlichen Körper bringen … Die Behandlungsgründe sind vielfältig – beispielsweise Verletzungsfolgen, angeborene Fehlbildungen, Gewichtsveränderungen oder die Verjüngung des Äußeren.“

Das schreibt die „Klinik am Rhein – Fachklinik für Plastische Chirurgie GmbH“, willkürlich ausgewählt aus einer Vielzahl von Adressen im Internet. Ursprünglich halfen kosmetische Operationen Menschen in Not, nach Verletzungen und Verbrennungen. Heute ist es selbstverständlich geworden, dass sich Frauen, die nicht verletzt sind, mit dem Skalpell bearbeiten lassen, weil sie offenbar darunter leiden, dass sie einem von ihnen akzeptierten Idealbild von Frauen und den entsprechenden optimalen Formen nicht entsprechen.

„Vollbusig, stupsnäsig, mit vollen Lippen. So sieht das neue Schönheitsideal aus, dem vor allem junge Frauen in Deutschland

nacheifern. Ästhetisch tätige Fachärzte verzeichnen eine immer größere Nachfrage der unter 30-Jährigen, die sich Brüste und Lippen vergrößern und die Nase verkleinern lassen, um diesem Schönheitsideal zu entsprechen."[7]

Im Jahr 2005 wurden in Deutschland über 1.000.000 Schönheitsoperationen durchgeführt – so Werner Mang, Chef der Bodenseeklinik für plastische und ästhetische Chirurgie in einem *Stern*-Interview[8]. Er spricht von einer „Revolution in der Schönheitschirurgie". Denn die Altersstruktur, die bei Schönheitsoperationen bis zum Jahr 2000 zwischen 20 und 60 Jahren lag, liegt jetzt zwischen 12 und 80 Jahren.

Es ist eine Tragödie, wenn Frauen heute angesichts ihres Alters zum Messer greifen lassen. Aber wenn heute fast jede in der Öffentlichkeit auftretende Frau, die in den Medien aktiv ist und von den Medien lebt, sich mit aller Kraft der Jugendlichkeit verschreiben muss und sich dem Diktat dieser fragwürdigen Ästhetik beugt, sich ab 35 Jahren die Lippen aufspritzen und den Busen unterfüttern lässt, dann drängt sich doch die rhetorische Frage geradezu auf: Hat diese Art weiblicher (Selbst-)Darstellung irgendetwas mit Emanzipation zu tun?

2.
Medieninszenierung

Superweibchen und ihre Inszenierung

Sieht das Leben von Frauen so aus, wie es uns in der Medienwirklichkeit dargestellt wird? Wenn ich mich hier umsehe auf dem Lande in Norddeutschland, aber auch auf den Straßen Berlins und Hamburgs, dann denke ich häufig, dass ich offensichtlich nicht dort wohne oder mich bewege, wo das Leben so ist, wie es sein könnte: nackt, reich und sexy. Meine Nachbarinnen gehen in normaler Kleidung zur Arbeit, auf dem Markt sehe ich in erster Linie konventionell gekleidete Frauen, keine schamhaarkurzen Röcke und warzentiefe Dekolletés. Es gibt eine offensichtliche Diskrepanz zwischen realer Welt und Medienwelt.

Kann es sein, dass vor allem unsere Medien, die Zeitschriften mit ihren bunten Bildern, die Fernsehsendungen und die Werbung und viele erfolgreiche Filme bevölkert sind von Frauen, die diese Rolle des Weibchens so selbstverständlich verinnerlicht haben? Kann es sein, dass diese Frauen so sind, wie wir sie sehen? Sind sie im „wirklichen" Leben genauso? Kann es sein, dass diese Frauen nur über diese und nur diese eine Rolle verfügen – hübsch, sexy und dickbusig? Dass sie die anderen „Seinsweisen" von Frauen, anderes Leben und andere Rollen, in denen Frauen auch leben können (*siehe* 4. Bilder werden gemacht, S. 55), entweder nicht kennen, sie ablehnen oder aber einfach nicht ausfüllen oder übernehmen können? Oder kann es nicht auch sein, dass sie in dieser vereinseitigenden Form vor allem in unseren Medien dargestellt werden?

Wir können diese Frage nicht beantworten. Auch wenn wir die Homepage von Verona Pooth besuchen, werden wir letztlich nicht schlauer:

Die Homepage von Verona Pooth

Verona Pooths Schriftzug in mädchenhafter englischer Schreibschrift verspricht Unterhaltung in redundanter Übertreibung: „Neue Ideen, neue Eingaben, Inspirationen, Einfälle ohne Ende“.
Ein Video: Verona geht im tief dekolletierten rosa Kleidchen zur Party, „fetzig, flippig“ soll es sein. Sie wollen viel Spaß haben, und sie lässt sich von ihrem Mann wie ein Kindergartenmädchen am Händchen hinter sich herziehen. Viele Kameras sind auf das Paar gerichtet, das gepiercte, ledergekleidete Publikum johlt am Rande.
„Man sagt ja den Frauen nach, sie seien so stutenbissig, ... habe heute so viele Komplimente von den Mädels bekommen, dass es mich echt freut.“ Mit einem Link auf die online-Ausgabe von *Frau im Spiegel* können wir alle sehen, wie Veronas 38. Geburtstag wie eine Baby-Doll-Party der 1960er Jahre gefeiert wurde.

Heidi Klum auf ihrer Homepage

Posen mit Jungs (Germany's next Topmodel)
„In dieser Woche ging es auch um den Unterschied zwischen Commercial Posing und Editorial Posing. Die Mädchen lernten, dass es ein großer Unterschied ist, ob nett und freundlich für ein Shampoo in die Kamera gelächelt wird oder ob für ein Cover ein markanter, lasziver oder frecher Blick gefragt ist.“

Diese Internetseiten zeigen die professionelle Selbstinszenierung von Frauen, die das Weibchenschema bedienen. Verona Pooth lebt von einer Werbeöffentlichkeit, die diese Bilder kauft. Für diese setzt sie ihren Körper, insbesondere ihren Busen und ihr Hinterteil, ins Bild und bedient, sobald sie den Mund aufmacht, das Klischee des Dummchens, das nur über rudimentäre Grammatikkenntnisse verfügt. Verona Pooth, jetzt 39, arbeitet übrigens offensichtlich an einem Imagewandel. Hochgeschlossen läuft sie als Liz Mohns Agentin der Schlaganfallstiftung durch die Öffentlichkeit. Mit 39 Jahren wird eine Frau als Weibchen-Darstellerin eindeutig zu alt. Ob sie allerdings diesen Wandel auf Dauer erfolgreich – das heißt in den Medien gewinnträchtig – unterbringen kann, ist wohl mehr als fraglich.

Damit ist nicht gesagt, dass Frauen wie Verona Pooth oder Heidi Klum dumm seien, im Gegenteil: Beide sind sicherlich intelligent. Sie sind zumindest so intelligent, dass sie auf einem uralten Klischee eine erfolgreiche persönliche Strategie und ihr Geschäft aufgebaut haben. Sie vermarkten sich selbst und den Anblick ihres Körpers absichtsvoll gepaart mit dem Einblick in ihre eigene Selbstverliebtheit – von Verona Pooth dargeboten in scheppernd vorgetragenen Einfältigkeiten und von Heidi Klum in plappernder Mädchenmasche.

Heidi Klum spielt die Rolle „kleines Mädchen“. In „klumscher Natürlichkeit“ wirkt ihre Sexyness weniger gewöhnlich als leicht anrüchig – ein Mädchen, das für sein Alter und seine intellektuelle Unreife (zu) sexy ist. Auf der anderen Seite dominiert Klum das Tribunal in ihrer Sendung „Germany's next Topmodel“ in der Pose eines Großinquisitors, steht auch schon einmal in bis über die Knie gezogenen Lackstiefeln vor ihren Mädchen oder zeigt sich im hinternkurzen Röckchen. Die BetrachterInnen können die Peitsche imaginieren, mit der das aggressive Superweibchen Heidi Klum die jungen Mädchen öffentlich zur Selbstbezichtigung und Denunziation auffordert (wer hat was über wen hinter den Kulissen gesagt?), damit sie einmal so werden wie ihre Domina.

Wir – als Betrachterinnen – können über Frauen wie Heidi Klum und Verona Pooth nicht sagen, wie sie wirklich sind. Wir können darüber nichts, aber auch gar nichts sagen – denn wir kennen nur das Bild, das sie uns von sich selbst präsentieren. Ihre selbstbewusste, sexistische Darbietung aber dürfen wir analysieren, denn Pooth und Klum scheinen es aus freiem Willen zu tun.

Verona Pooth und Heidi Klum sind ihre eigenen Produkte. Sie sind Marketing-Spezialistinnen und in der Spezialisierung auf diese eine Rolle, die sie beherrschen und von der sie nicht abrücken, verdienen sie ihr Geld. Beide bedienen mit ihren Produkten eine offensichtlich große Nachfrage auf dem Werbe- und Eventmarkt in Deutschland.

Welche Aspekte von Frauen werden gezeigt?

In den meisten Fällen haben wir keine Ahnung, ob eine in der Öffentlichkeit auftretende Frau, über die in der Presse berichtet wird, sich selbst so dargestellt hat, denn sie wird dargestellt. Und oft entgleitet es ihrer Macht, auf die Darstellung Einfluss zu nehmen.

„Schöne Frau – aber leider nichts in der Birne“, schreibt ein Kommentator am 29. März 2007 zu Gabriele Pauli, nachdem sie sich für die *Park Avenue* hatte fotografieren lassen. Viel Häme gab es für die noch einige Wochen zuvor durch die Talkshows gereichte Frau, die Edmund Stoiber, den bayerischen Ministerpräsidenten, stürzte.

Ob es klug von Gabriele Pauli war, sich in Latexhandschuhen, Langhaarperücke und lasziver Pose, den pornographischen Accessoires aus der Halbwelt, ablichten zu lassen und in dieser Naivität mit einem Boulevardblatt umzugehen, ist eine ganz andere Sache. Auch Alice Schwarzer fragte verblüfft: „Wie doof ist Pauli?"

Im Journalismus ist es allerdings üblich, Interviews – zumindest die Antworten, die eine Interviewte gegeben hat – der Befragten zu zeigen. Publikumsgeile Blätter verzichten jedoch zugunsten einer höheren Auflage gern einmal darauf und zahlen offenbar gegebenenfalls lieber eine Vertragsstrafe. Gabriele Pauli nutzten ihre Dementis und einstweiligen Verfügungen nicht mehr. Sie war „geleimt" worden. Denn es war an sich nichts Unsittliches an den Fotos, möglicherweise kann man es allerdings unsittlich nennen, mit einer interviewten Frau so umzugehen.

Dennoch hatte Gabriele Pauli es noch bedingt in der Hand. Sie hätte sich nicht einlassen sollen auf diese Fotos. Wie aber sieht es aus mit den vielen Frauen, Models und Schauspielerinnen, deren Brüste uns unter die Nase gehalten werden, oder den Politikerinnen, die uns täglich, manchmal in vereinseitigender Form, gezeigt werden?

Wenig Platz für eigenständige Frauen

Gibt es keine anderen Frauen? Wo bleiben die Bilder und Berichte über Anne Will, Sabine Christiansen, Sandra Maischberger und Maybritt Illner? (Über Sabine Christiansen wurde bezeichnenderweise ausgiebig berichtet in der Zeit ihrer Trennung von ihrem Mann und ihrer neuen Liebe!) „Kopf-Frauen" wie Anne Will und Maybritt Illner haben keine Werbeverträge, sie inszenieren sich nur im Rahmen ihres Produkts als harte Interviewerinnen und gute Journalistinnen. Sie bedienen das Weibchenschema nicht.

Anne Will, die Frau, die die Tagesthemen moderiert hat, und nun die Nachfolge des Top-Polit-Talkmagazins von Sabine Christiansen antritt, schreibt in der ZEIT (August 2006, Nr. 35):

„Auf der symbolischen Ebene hat sich manches verändert. Das Fernsehen ist ein Teil davon. Fernsehen ist – das sage ich ganz ohne jeden Kulturpessimismus – im wesentlichen Vordergrund. Und: Der ist voll von weiblichen Gesichtern. Alle wichtigen Nachrichtensendungen werden auch von Frauen moderiert. Für viele politische Talkshows gilt Gleiches. Kein Fernsehsender kann auf Frauen in der Sportberichterstattung verzichten, kann es sich gar erlauben, zu einer ausgewachsenen Fußballweltmeisterschaft zu fahren, ohne nicht mindestens eine Frau mitzunehmen. Das Bild, das das Fernsehen uns vermittelt, zeigt: Frauen finden statt.“

Rund 84 Prozent der Nachrichten werden im deutschen Fernsehen inzwischen von Frauen gesprochen. Zwei Drittel der Magazine werden von Frauen präsentiert.[9] Im Hintergrund aber, eben da, wo entschieden wird, was gemacht wird und wie es gemacht wird, sieht es anders aus. Nochmal Anne Will:

„Unsere eigentliche Arbeit ist aber journalistischer Hintergrund. Den dürfen wir aber nur so lange präsentieren, wie die ‚Verpackung‘ stimmt. Sie muss selbstverständlich schön geschminkt und frisch gekämmt sein, wenn's geht, auch noch einigermaßen gut aussehend und: nicht zu alt. Daran hat sich auch mit der größeren Zahl an Frauen auf dem Bildschirm und den anspruchsvollen Formaten, die sie moderieren, nichts geändert. Wir haben eben noch keine Barbara Walters, die in den USA mit fast 77 Jahren immer noch moderiert und immer noch aufsehenerregende Interviews führt. Im deutschen Fernsehen gibt es fürs weibliche Älterwerden nach wie vor kein role model.“

Frauen sind heute in den Medien vertreten, und nach jüngsten Untersuchungen sogar ein wenig mehr als noch vor einigen Jahren. Der Deutsche Journalistinnenbund, der solche Untersuchungen mit durchführt, kommt zu einem Geschlechterverhältnis Männer – Frauen von 78 zu 22 Prozent in den Nachrichtensendungen. Danach war im Fernsehen jede vierte und in den Zeitungen jede fünfte Person weiblich. Damit liegt Deutschland erstmals mit einem Prozentpunkt über dem weltweiten Durchschnitt. (Belgien und Skandinavien mit rund 30 Prozent liegen dagegen weit höher). Marlies Hesse, Geschäftsführerin des Journalistinnenbundes:

> *„Entscheidend ist jedoch nicht allein die quantitative Zählung, sondern auch die qualitative Wertung,* ***wie*** *Frauen in den Medien vorkommen. Sonst wäre die BILD-Zeitung – nicht zuletzt wegen ihrer nackten Titelschönheiten – mit einem Anteil von 35 Prozent das „frauenfreundlichste Blatt" in Deutschland."*[10]

Das sollten wir der BILD-Zeitung nun nicht nachsagen wollen.

Nein, Frauen werden in der Darstellung in den Medien nicht vergessen. Frauen werden gezeigt, aber sie werden als typisch „weibliche" Wesen gezeigt. Es werden nicht die Frauen an sich ausgelassen, aber bestimmte Aspekte der Frau nicht gezeigt. Sie werden in der Darstellung reduziert auf einige wenige Rollen, die sie verkörpern sollen.[11]

Wer erinnert sich nicht, dass zur Zeit des Wahlkampfs in Deutschland im Jahr 2005 ununterbrochen über die Frisur und die Blazer von Angela Merkel gesprochen wurde.

Frauen werden – seit es zum guten Ton in Presse und Fernsehen gehört, sexualisierte Bilder zu zeigen – als „Weibchen" präsentiert, ob sie das nun wollen oder nicht. Und wenn die Bilder es nicht hergeben, werden sie mit den entsprechenden Texten versehen.

Wenn eine Frau dieses Klischee nicht bedient, wird sie, durch die Auswahl des Bildes, gleichwohl auf eine Weise in Bild und Text dargestellt, dass sich das Bild dem Klischee annähert. Durch gezielte Kommentare – oder durch Auslassung – wird dann eine Bedeutung hervorgerufen, die sich in den Köpfen der LeserInnen zu einer Botschaft zusammensetzt. So wurde

Role-Model Angela Merkel – das verwunschene Weibchen

Als Angela Merkel 2005 als Kanzlerkandidatin der CDU aufgestellt wurde, wurde sie von der Presse zunächst als das „verschwundene" Weibchen behandelt. Alle suchten ihre fehlenden „weiblichen" Attribute – das schöne Haar, die elegante Figur, die schicke Kleidung, das dezente Make-up – und behandelten mit Penetranz umgekehrt ihre „unweibliche" Ausstrahlung: Die heruntergezogenen Mundwinkel waren monatelang Stoff für die Kabarettisten, ihre „blöde" Frisur und ihre Haltung wurden häufiger kommentiert als ihre Konzepte für eine Steuerreform. – Offenbar fehlte in den Augen der Schreiberinnen und Schreiber dieser Frau alles, was eine Frau weiblich macht. Eine Frau sollte unsere Bundeskanzlerin werden, dabei war sie in den Augen dieser Kommentatoren gar keine Frau – jedenfalls keine schöne. Ja, dass sie es überhaupt geschafft hat, lag möglicherweise daran, dass sie sehr männliche Eigenschaften hat!
Es scheint selbstverständlich und bleibt von vielen unwidersprochen, dass mit gelassener Selbstverständlichkeit über den Körper der Frauen gesprochen wird, auch wenn es eigentlich um Politik geht.
Beispielsweise bot der Sportreporter Beckmann Angela Merkel in seiner Sendung Stoffe des englischen Hoflieferanten zum Betasten an und fragte sie, ob sie sich daraus ein Kostüm würde machen lassen, um dann der angehenden Bundeskanzlerin am Ende wie der Erlöserprinz zu kommen: „Wissen Sie, dass Sie ein bezauberndes Lächeln haben?"[12]

der Artikel über die dummen Fotos der Gabriele Pauli „Sankt Pauli" genannt, eine eindeutige Gleichsetzung der Frau mit dem Vergnügungsviertel Hamburgs. Die attraktive serbische Präsidentin wird mit einem Foto in der Presse abgebildet, das sie aus dem Auto steigend zeigt, wobei ihr Bein prominent im Bild steht.

Es gibt Frauen in den Medien. Zahlenmäßig scheinen sie manchmal sogar überrepräsentiert. Frauen werden also nicht vergessen. Es wird aber „vergessen", bestimmte Aspekte des Frauseins zu zeigen. Welche Aspekte sind es, die ausgeklammert werden? Mit einer Bildanalyse einer Zeitschrift zeigt Angelika Paseka, wie Frauen erstens bereits durch die *Auswahl* der weiblichen Personen, über die berichtet wird, und zweitens durch die *Art der Darstellung* nicht als eigenständig, sondern in Bezug auf den Mann präsentiert werden:

> *„Anna Nicole Smith:* ***Konfektionswandel****. Dank plastischer Chirurgie brachte es die unbekannte Stripperin zum Playboy-Covergirl 1993, heiratete als 26-Jährige den 89-jährigen Multimilliardär J. H. Marshall und erbte dessen Vermögen.*
>
> *Madonna:* ***Sprachwandel****. Aus dem amerikanischen Girlie ist eine britische Gattin und Mutter geworden, die Unterricht in englischer Sprache nimmt.*
>
> *Michail Gorbatschow:* ***Im Wandel der Geschichte.*** *Der frühere sowjetische Staatschef bewirkte mit Glasnost und Perestroika einen epochalen Wandel.*
>
> *Shawn Fanning:* ***Wirtschaftswandel.*** *Als Miterfinder des Online-Musikdienstes Napster und E-Pirat wurde er zum Businesspartner von Bertelsmann.*
>
> *Cat Stevens:* ***Glaubenswandel.*** *Der britische Musiker schrieb Welthits, stieg vor zwanzig Jahren aus dem Popgeschäft aus und wurde Yusuf Islam."*

Im Vergleich zeigt sich: Männer ändern ihren Beruf, ihr politisches Engagement, ihre wirtschaftliche Position, ihre Religion. Basis dieser Veränderungen ist ihr beruflicher und wirtschaftlicher Erfolg, der einen solchen Wandel ermöglicht.

Frauen dagegen ändern ihren Körper, ihren Familienstand und bekommen Kinder. Basis für ihren Wandel sind ihre Beziehungen zu Männern. „Hier wird eine klassische Geschlechterpolarität erzeugt: Männern gehört die Welt, die Wirtschaft, die Politik, der Beruf. Dort können sie sich ausleben, sich verändern, Erfolge erzielen."

> *„Das Fehlen der Frau und ihrer vielfältigen Aspekte im politischen Text wird zu einer Leerstelle in der Wirklichkeit" (Marianne Strеruwitz in Paseka).*

In verständliche Sprache übersetzt heißt das: Was wir in den Medien nicht sehen, denken wir, sei auch nicht da. Und so wird sich die Wirklichkeit, in der wir leben, eines Tages möglicherweise diesem Medienbild angleichen. Das Klischee wird die soziale Ordnung und das Verhältnis von Männern und Frauen weiterhin bestimmen.

Es fehlen in diesem analysierten Artikel aus dem Jahr 2001 nicht nur die uns bekannten erfolgreichen Frauen, es fehlen damit ganze Wirklichkeitsbereiche. Es fehlt die selbstständige Aktivität von Frauen. Die Frau wird immer noch vorrangig in der Beziehung zum Mann dargestellt. Frauen werden in den Medien nicht generell vergessen. Aber wenn sie dargestellt werden, werden sie auf Geschlechtsstereotype reduziert.

Das Fernsehen „macht" aber nicht nur Meinungen und schafft Bilder, gleichzeitig spiegelt es auch, was sich in der Gesellschaft abspielt, und setzt die Vorstellungen ins Bild, die dort lebendig sind. Barbara Sichtermann nennt das Fernsehen einen Marktplatz der Meinungen, auf dem umgeschlagen wird, was eine Gesellschaft beschäftigt. Unausgesetzt geht es in den verschiedenen Formaten um die Geschlechterrollen. Vor allem in neuesten Produktionen entdeckte sie „konservative bis reaktionäre Frauenbilder", Grund genug eigentlich für „feministische Empörung". Die vielen scheinbar progressiven

Gegenbeispiele allerdings enthüllten sich bei näherem Hinsehen als gar nicht so emanzipatorisch.[13]

In den Medien werden die Frauen immer noch auf den Bereich der Familie verwiesen und Männern wird die Rolle des Ernährers der Familie zugewiesen. Eine solche Realität existiert aber nicht (und hat für den Großteil der Frauen auch nie existiert). Sie ist ein ideologisches Konstrukt.

3.
Frauenbilder

Frauen sollen schön sein

> *„Das Frauenzimmer hat ein angebornes stärkeres Gefühl für alles, was schön, zierlich und geschmückt ist. Schon in der Kindheit sind sie gerne geputzt und gefallen sich, wenn sie geziert sind. Sie sind reinlich und sehr zärtlich in Ansehnung alles dessen, was Ekel verursacht.“*[14]

Das war die Meinung des großen Philosophen Immanuel Kant: Schön, aber blöd, so könnten wir, auf einen Nenner gebracht, zusammenfassen, was große Denker über Frauen gedacht haben.

Schönheit als kennzeichnendes Attribut der Frau ist erst etwa ab der zweiten Hälfte des 18. Jahrhunderts festzumachen. Rita Freedman datiert die Geburtsstunde des „schönen Geschlechts“ auf die Zeit der Französischen Revolution. Ging es damals um Freiheit, Gleichheit und um Brüderlichkeit, wurden die Schwestern erst einmal schön in der hinteren Reihe platziert und geschmückt. Der Platz des Mannes dagegen verlagerte sich vom Salon ins Büro oder in die Fabrik. Dementsprechend veränderte sich auch sein Anspruch an die Kleidung.

Männliche Kleidung war nicht mehr so üppig, sondern praktisch und zweckmäßig. Noch einige Jahre vorher hatten sich alle Herren die Perücke gepudert, aber nun wurden kosmetische Dinge als weibisch abgetan.[15]

> *„Die Männer demonstrierten ihren Reichtum nicht mehr offen an ihrem eigenen Körper, sondern schmückten stattdessen ihre Frauen mit Juwelen und Pelzen. So wurde Schönheit zum Vorrecht und zum Laster der Frauen.“*[16]

Aber was genau gilt als schön? Was wir heute als schön betrachten, war nicht immer so. Das zeigt uns ein einziger Blick ins Museum. Beim Anblick der barocken rubensschen Damen würden sich heutige Schönheiten kopfschüttelnd abwenden und ihr eben verzehrtes Sushi wieder ausspucken.

Das heutige extreme Schlankheitsideal der westlich orientierten Kulturen, das vor allem durch die Werbung transportiert wird, kann durchaus auch als einer der Gründe für die Entwicklung einer Essstörung angesehen werden. Denn die Körperwahrnehmung des Menschen wird von der eigenen Innensicht und der Komponente „Außensicht“ bestimmt. In dieser Außensicht manifestieren sich die eigenen Annahmen, wie andere über die eigene Person urteilen werden. Wer sich von außen betrachtet, legt aber fremde Maßstäbe an, ob diese nun real sind oder aber nur phantasiert.

Das heutige Gebot für Frauen, sexy zu sein, fordert sie immer wieder, sich selbst zu betrachten, ob sie dem Ideal auch Genüge tun. Zahlreiche Beispiele in aktuellen Anzeigen und Fernsehspots zeigen, wie Frauen in immer neuen „erleuchtenden“ Selbstbespiegelungen versuchen ihre Identität mithilfe von Schönheits- und Diätprodukten aufzubauen. Richtschnur ist weniger der männliche Blick, sondern das „maximal attraktive Körper-Ich“, sagt Nicole Wilk:

„Die Orientierung, die Werbung Frauen heute anbietet, richtet sich zunehmend weniger an traditionellen Rollenklischees aus als vielmehr am Selbstgenuss des eigenen Körpers, der nach den Maßgaben eines hyperdünnen Schönheitsideals modelliert werden soll.“[17]

Der schöne, formbare Frauenkörper – Ideale der Werbung

Im 19. Jahrhundert wurde die schöne Frau in erster Linie über ihre modische Kleidung definiert, nach dem Motto: „Kleider machen Leute“. Die Bürgerinnen konnten und sollten damit zeigen, dass sie „etwas Besseres“ waren, und sich gegen das arbeitende Volk abgrenzen. Die bürgerliche Ehegattin war zuständig für Haushalt, Ehemann und Kindererziehung und repräsentierte durch ihre Schönheit den Wohlstand und den Erfolg des Mannes.
19. Jahrhundert: Idealform Sanduhr: Starr und eingeschnürt in das Korsett, sittsam hochgeschlossen mit zerbrechlich dünner Taille wurde die bürgerliche Frau zum bewegungsunfähigen Repräsentationsobjekt. Krinolinenröcke mit sechs Meter Umfang und das sie ablösende „Pariser Hinterteil“ – der Cul de Paris, ein auf das Gesäß aufgebundenes Drahtgestell – machten es den Frauen unmöglich, sich zu bewegen. Signal***: abhängig, unterdrückt und sittlich!*** – Später Anklang an diese Zeit sind der Petticoat der 1950er Jahre und die sexy Korsagen in der Pop-Kultur und Sado-Maso-Szene, die allerdings andeuten: „Hallo Leute, ich bin (*un-*)sittlich!“
Zu Beginn des 20. Jahrhunderts wandelt sich die Mode. Die erste Frauenbewegung findet ihren Niederschlag im Garçonne-Stil und der Befreiung von modischer Schnürung. Insgesamt gibt es einen Trend zur ***Jugendlichkeit*** nach dem Motto „Körper machen Leute“. Das weibliche Bein wird Objekt des erotischen Interesses. Der weibliche Körper ist nicht mehr in Stoff gefesselt, sondern die Stoffe fließen den stromlinienförmig schlanken Körper hinunter.

Das nationalsozialistische Modell der Frau ist dem völlig entgegengesetzt. Die ideale Frau ist üppig, mit breitem Becken und prallen Brüsten, und signalisiert vor allem ***Mütterlichkeit***. Auch der so genannte „New Look" ***in den 1950er Jahren*** propagiert ein Frauenbild, das sich radikal von den Idealen der 20er bis 40er Jahre abkehrt: schmale Taille, „ordentliche" Oberweite, aber trotzdem zierlich in bauschige Röcke gekleidet, signalisiert die Frau dem Mann die ***hilflose kleine Verführerin***, damit sie bald sein „Heimchen am Herd" wird. Mit den ***1960er Jahren*** und der „sexuellen Revolution" beginnt der Diätenwahn – Magersuchtmodell Twiggy wird zum Vorbild. Die ***freie Persönlichkeit der Frau, aber bitte in Idealmaßen***. Bis Ende der ***1970er Jahre*** hat das Körper- das Modediktat abgelöst. Die Körper der Frauen werden nackter zur Schau gestellt.[18]

Mit den Erfolgen im Berufsleben beginnt für viele Frauen gleichzeitig eine große Unzufriedenheit mit dem eigenen Körper. Das extreme Schlankheitsgebot, das durch die immer dünner werdenden und immer weniger bekleideten Frauen, die die Bilderwelt unseres Alltags bevölkern, von allen Seiten eingefordert wird, signalisiert Machtlosigkeit.

Die sexy Frau – Lockvogel der Werbung

Werbung will Aufmerksamkeit, große Aufmerksamkeit erzielen, um das Produkt, für das geworben wird, zu verkaufen. So einfach ist das. Wie diese Aufmerksamkeit erreicht wird, ist eine Sache der Zeit und des Zeitgeistes. Denn die menschliche Aufmerksamkeit kann nur erzielt werden, wenn Interesse geweckt wird. Die Marketingsprache nennt das AIDA. Mit dieser Formel ist prägnant umschrieben, um was es geht:

Attention (Aufmerksamkeit erzielen) – *Interest* (Interesse wecken) – *Desire* (Kauf-)Begehren auslösen – *Action* (Kauf-)Handlung erreichen.

Um diese vier Schritte folgerichtig und zielstrebig zu gehen, nutzt Werbung nackte Frauen, baut auf das, was vielerorts als „Erotik“ bezeichnet wird. Werbebilder arbeiten gezielt – oder auch unbeabsichtigt – mit dem Geschlechtsunterschied auf der körperlichen und sozialen Ebene. In der Werbung werden Männer und Frauen in einer Weise gezeigt, von der die Marketingexperten erwarten, dass sie auf Resonanz in der Gesellschaft stößt und damit das Begehren der BetrachterInnen weckt. Die Bilder, von denen das Marketing annimmt, dass sie in den KonsumentInnen schlummern, werden von den MarketingexpertInnen systematisch erforscht und gezielt angesprochen. Oder es werden Bilder und Träume inszeniert, die in den Marketingexperten selbst schlummern und von denen sie annehmen, dass sie von den KonsumentInnen geteilt werden. Durch die permanente Reinszenierung dieser Klischees durch die Werbung werden sie zur Norm erklärt, sozusagen bestätigt.

Dabei ist es völlig unerheblich, dass Frauen (und Männer) in ihrer realen Welt ganz anders leben, als es Plakate und Werbespots in ihren Kurzszenen suggerieren. Die betriebswirtschaftlich geschulten Marketingleute nennen das, was sie dem Produkt als „Beigabe“ sozusagen mitgeben, das „Nutzenversprechen“: Durch den Erwerb eines Produkts oder den Kauf irgendeiner Dienstleistung erwerben die KundInnen noch etwas mehr: ein Lebensgefühl, die Vorstellung „dazuzugehören“ zu den „Jungen und Schönen“, das leichte Lebensgefühl, die schlanke Schönheit.

Werbung gilt – in der modernen Marketingsprache – als eine Maßnahme im Rahmen der umfangreichen „Unternehmenskommunikation“. Die Kommunikatoren der Unternehmen treten mit ihren potenziellen KäuferInnen in Verbindung und nennen dies „kommunizieren“. Gemeint ist, dass sie versuchen, ihr Interesse, das Verkaufen, mit den Interessen der KundInnen abzustimmen. Dazu werden so genannte Werthaltungen der KonsumentInnen ermittelt und für viel Geld erforscht. Ausgehend davon wählen die Werbeleute und VerkäuferInnen in ihrer „Kommunikationsform", in Text und Bild, eine Sprache, von der sie annehmen, dass ihre anvisierten KonsumentInnen diese auch verstehen oder zumindest davon irgendwie angesprochen werden.

Werbung präsentiert uns also – durch das Unternehmensmarketing ermittelt – das, was „wir" gut finden. Und – der Werbemechanismus beginnt auch umgekehrt zu wirken. Wir finden das gut, was in der Werbung auftaucht. Die Werbung vermittelt uns ein Bild, das wir für wirklich halten sollen, und wir versuchen unsere Wirklichkeit danach auszurichten. Zumindest tun wir das schon ein wenig, wenn wir die Produkte kaufen. Mit dem Erwerb des Produkts, so betonen es die Marketingspechte, sollen die KonsumentInnen unbewusst glauben, dass sie den zusätzlichen Nutzen, den das Produkt verspricht, mit erwerben. Wir sitzen dem auf.

Werbung ist nicht allein dafür verantwortlich, dass bestimmte Vorstellungen von Frauen und Männern in unseren Köpfen herumschwirren. Aber Werbung hat einen großen Einfluss durch die alltägliche gezielte, permanente und daher so wirksame Wiederholung.

Denn was sehen wir Tag für Tag auf Plakatwänden, in der Zeitschriftenwerbung, in der Fernsehwerbung? Mit Frauenkörpern und Körperteilen von Frauen wird geworben und verkauft. Sie werden eingesetzt für Produkte, für die es auf den ersten Blick völlig abwegig erscheint, wie zum Beispiel in einer Plakatwerbung für Solinger Schneidwaren:

Eine Frau in Rückenansicht im eng anliegenden Kleid, dessen Mittelnaht durch das scharfe (!) Zwillingsmesser noch tiefer aufgeschnitten wurde.

Oder, ein Werbespot von Motoso, Online-Marktplatz für Auto-Ersatzteile, der auf DSF läuft:

Zwei Frauen, ohne Kopf, im Bild nur die Busen, die durch die Fahrt im LKW durchgeschüttelt werden: Der eine – junge – Busen vibriert nur leicht, der andere – ältere Busen – wackelt heftig: Text: Neue und gebrauchte Teile. Motoso.

Die „weibliche" Anziehungskraft, die Attraktivität ausgezogener Frauen soll den Konsumenten und die Konsumentin „anziehen", ihn und sie für das Produkt begeistern. Große und plakative Darstellungen von Frauen werden zum „Lockmittel" für ein Produkt oder für ein Thema.

C&A zeigt in einem Fernsehspot die halb entblößten Hinterbacken eines Models und den darauf gerichteten lüsternen Blick eines Mannes, um Werbung für ein Streifenhemd zu machen.

Sex sells

Aber Sex war nicht immer Nacktheit. In den 1960er Jahren sieht man nur vereinzelt nackte Frauenkörper, nie jedoch Brüste. In diesen Jahren spielt die Hausfrau die Hauptrolle im Herzen der Werbemacher. Nacktheit wird noch zurückhaltend eingesetzt oder in Zeichnungen abgemildert.

- Zum Beispiel: Eine Frau wird nackt aus der Chicita gepellt. Eine andere gezeichnete Nackte lehnt sich an eine phallisch gestaltete Seven-up-Flasche.

Die Frauen in der Werbung – und die Gesellschaft – der 1960er waren noch zugeknöpft. Das ändert sich erst mit der „sexuellen Revolution" der späten 1960er. Die Werbung nutzt von da an die neuen Möglichkeiten und präsentiert als Vorreiter das, was einst tabu war, als Modernität.

„Bahnbrechend", so beurteilen es die Werber selbst, war die berühmte Afri-Cola-Werbung von Charles Wilp. Dort treten erstmals lüsterne Nonnen mit einer Cola auf – ein weiterer Tabubruch, denn bis dahin war religiöses Personal in der Werbung nicht akzeptabel. Diese Anzüglichkeiten amüsierten uns noch in den späten 1980ern in der Kino-Langnesewerbung, in der eine Nonne lasziv an einem phallischen Zitruseis schleckt.

Das Wort „***Lust***" kommt erst in den Spots und Printanzeigen in den 1990ern und 2000ern auf und boomt bis heute geradezu.

Aufschlussreich ist das Auftauchen des Wortes „***sexy***". Außer in der besagten Charles Wilp-Werbung für Afri-Cola findet sich „sexy" vermehrt erst in den Jahren ab 2000 in den Branchen Kosmetik, Bekleidung und Medien: z. B. Beachblonde: *Für sexy Sommerhaar … das ganze Jahr* (Kosmetik 2002); Glow: *Fresh, sexy, clean* (Kosmetik 2003); Pufta: *Sexy Medien* (Medien 1997); Sexyhair: *Come in and get sexy* (Kosmetik 2005); Shape: *Sexy, schön, sportlich* (Medien 2007); Sputnik: *Black, hot and sexy* (Medien 2005); Tally Weijl: *Totally sexy* (Bekleidung 2005); Victoria's secret: *Sexy little things* (Bekleidung 2004, amerikanisches Modeunternehmen).[19]

Heute ist einfach alles sexy.

Die Kritik an der sexistischen Präsentation der Frauen im Zuge der Frauenbewegung Ende der 1970er Jahre wirkt von heute aus betrachtet fast wie ein vergebliches, sinnloses Intermezzo. Heute sind sexy und laszive Frauen oder ihre nackten Körperteile in den Werbemedien überall so präsent, dass wir das langsam als ganz selbstverständlich hinnehmen. In anderen Medienformen wie politischen Zeitungen, Zeitschriften und Fernsehsendungen sind Frauen dagegen deutlich seltener und weniger auffällig repräsentiert (*siehe vorne* Wenig Platz für eigenständige Frauen, S. 29).

Durch die sexualisierte Darstellung der Frau in traditionellen Rollenbildern wird der Eindruck erweckt, als sei dies die Norm des Lebens von Frauen, und die Wirklichkeit der Frauen verschwindet auf diese Weise.

Andere Frauenbilder in der Werbung

Vom patenten Hausmütterchen bis zum Werbegirlie

In den 1950er und 1960er Jahren schien die hausmütterliche Welt der bundesdeutschen Gesellschaft noch in Ordnung. Der Haushalt der Frau stand im Mittelpunkt und wurde intensiv beworben. Die Persil-Werbung hat die Ikonographie, also das, was wir an Bildern und Zeichen für diese Zeit vor Augen haben, geprägt.

Werbung für Persil (1956)

Die ums Wohl ihrer Lieben sich sorgende Hausfrau, die dauergewellten, lockigen Haare ihr Gesicht umschmeichelnd, hält lächelnd Persil in der Hand. Es scheint die reine Freude, mit Persil und ohne Waschmaschine zu waschen. Mit Persil ist die Familie glücklich, Vater, Mutter und natürlich helfendes kleines Mädchen. Technisch haben sich die Werbebilder heute verändert; inhaltlich nicht sonderlich.

In den 1960er Jahren kommt Barbie auf (aus den USA) und versucht den kleinen Mädchen zu helfen, eine wirkliche Frau zu werden, die als tolle Blondine mit allerlei Kochlöffeln am niedlichen Herdchen agiert.

Im Osten Deutschlands schuftete die wirkliche Frau. Aber bei „Tausend Teletips" sah es nicht viel anders aus als im Westen. Hier wurde ihr gezeigt, wie leicht und einfach der Haushalt geführt werden könne. „Tausend Teletips" war die einzige Werbesendung im DDR-Fernsehen. Hier wurde Werbung für Motorräder und Autos, Elektronikgeräte, Florena-Creme, Badusan-Duschbad, Perlodont-Zahncreme und viele weitere DDR-Produkte gemacht, die dann aber meist im Handel nicht erhältlich waren. Sinnlos geworden wurde die Sendung 1975 eingestellt.[20]

In der Werbung der 1970er und -80er Jahre geraten Frauen wegen der tollen Putzmittel in Ekstase, und männliche Wissenschaftler erklären ihnen, warum alles so klasse funktioniert.

Der große „Meister Proper" begeisterte die überforderte Hausfrau mit dynamischer Rasanz, und der energische „General" brachte sie mit Marschmusik geradezu in Rage.

Der männliche Experte von Calgon springt den dummen Frauen auch heute noch bei der professionellen Pflege von Wasch- und Spülmaschinen im Kampf gegen den vorzeitigen Maschinentod durch „Kalkinfarkt" hilfreich bei.

Die Werbung ist modern und reagiert flexibel auf alles, was neu ist: Mit der Frauenbewegung der 1970er gibt es ab und an auch mal eine Frau, die sich auf „fremdem" männlichen Terrain, also im Berufsleben, bewegt, in der Regel bleibt sie aber in ihrer traditionellen Rolle und am Scheuerlappen. In der Berufswelt bewegt sich – genauso stereotyp – der Mann, verdient sich dort Respekt und wird von Frauen angehimmelt.

Seit den 1980er Jahren wird in der Werbung gezielt der Verkauf von Images und Leitbildern forciert. Wir sehen glückliche Menschen um die Produkte geschart. Es werden Rollen definiert, die die Produkte in Szene setzen: „der Abenteurer", der einst mit „Camel“ unterwegs war; der „freie Cowboy“, der im „Marlboroland“ lebt; der „Erfolgreiche“ wie zum Beispiel der Sparkassen-Kunde, der sich Haus, Boot und Reitpferd leisten kann; der „Jugendliche“, der mit „der längsten Praline der Welt“ bei den Mädels landet.

Amüsant oder ärgerlich?

Vorwerk treibt heute einen besonderen Schabernack – vermeintlich ironisch –, wobei einem (oder einer) das Lachen allerdings im Hals stecken bleibt, wenn eine verschmitzte Hausfrau enthüllt, dass sie dank der Vorwerk-Produkte „sehr erfolgreich ein kleines Familienunternehmen“ managt. Bedauerlich nur, dass dieses Management keinerlei gesellschaftliche Anerkennung findet und diese Gesellschaft auch nicht bereit ist, in ein vernünftiges „Management von Familien“ zu investieren – z. B. durch Gelder für Kindergärten, Krippenplätze oder die Unterstützung von Frauen, die wieder in den Beruf einsteigen. Dem hilft Vorwerk ab, indem die Firma die „Familienmanagerin 2007“ wählt – Hohn (oder Beleidigung) oder bornierte Ignoranz der Herren von Vorwerk?

Die Werbung stellt – seit den 1980er und 1990er Jahren – immer weniger die Produkte in den Mittelpunkt als den so genannten zusätzlichen Nutzen, der mit dem Erwerb des Produkts angeblich gewonnen wird. Diese Individualisierung der „Spaß- und Ego-Gesellschaft“ beflügelte die Werbemacher geradezu. Der „Tanz um das goldene Selbst“ in Werbung und Lifestyle-Magazinen hat den Typ des verwöhnten „Werbegirlies in sexy Oppositionslaune“ hervorgebracht, das im Kontrast zum neuen Typ der Karrierefrau steht.[21]

Eine extrem dünne, „durchgeknallte“ junge Frau kokettiert keck: „Ich will endlich mal einen, der ein bisschen lockerer ist …“ –

lenkt unsere Phantasie in Richtung schneller Sex und erdet sie (und uns) dann bei zwei gackernden Freundinnen auf dem Sofa – mit Amicelli (Fernsehspot Amicelli, Juni 2007).

Ab den 1990er Jahren stellt sich die Werbung selbst in den Mittelpunkt – ein nicht zu übersehendes Indiz für die Eitelkeit und auch den tatsächlichen Einfluss der Werbemacher auf das Alltagsleben. Eine neue Dimension des Einflusses der Werbung auf unsere Lebenswirklichkeit ist das so genannte „Cross-Media-Marketing", das über das Geld die Redaktionstische der Medien erobert. Heute sehen wir nicht mehr Fußball, sondern uns wird die WM „von Bitburger präsentiert", Yello Strom „präsentiert das Wetter im Ersten" und so weiter. Die redaktionellen Beiträge werden unterbrochen durch 20-Sekunden-Werbung, um zu verhindern, dass sich die ZuschauerInnen durch den Gang auf die Toilette entziehen. Die Bilder der Werbung, die Szenen des Lebens auf der Mattscheibe und die Rollenvorbilder von Männern und Frauen, die sie uns darbieten, mischen sich mit den Bildern des Informationsteils, der Unterhaltungssendungen und der Filme – und vor allem auch mit unseren eigenen Bildern und Vorstellungen. Werbung beschränkt sich nicht mehr auf den vom Film oder Sporterlebnis sichtbar abgetrennten Werbeblock, den wir erkennen können, sondern beide Welten, die *künstliche* Werbewelt und unser *wirklicher* Alltag, vermischen sich. Die Medienwelt verzahnt sich mit unserer eigenen Lebenswirklichkeit. Es wird mühsam zu unterscheiden.

Werbeklischees und Körpersprache

Die Bilder der Werbung bilden selbstverständlich nicht unsere Wirklichkeit ab. Denn so glamourös, locker und leicht, keck und sexy, unterhaltsam und erfolgreich geht es ja in der Tat nicht zu. Aber die Bilder der Werbung beginnen in unserer

Phantasie zu leben. Damit das geschieht, werden uns Symbole angeboten, wird uns das Bild in einem bestimmten Zusammenhang „gereicht". Es ist also nicht unerheblich, ob ein nacktes Bein auf einer Kühlerhaube präsentiert oder auf einem Operationstisch dargeboten wird. Dabei entstehen unterschiedliche Bilder in unseren Köpfen.

Bei der Darstellung der Frauen greifen wir auch in unseren Köpfen selbst auf einen Fundus von Symbolen und Versatzstücken zurück und texten uns unsere eigene Werbebotschaft. Die mag sich unterscheiden vom Verständnis anderer Menschen, die diese Werbung sehen. Sie kann sich aber auch decken. Denn wir verfügen über einen gemeinsamen Vorrat an Klischees, den die Werbung munter weiterverarbeitet – egal, ob diese Klischees nun in der Wirklichkeit wiederzufinden oder schon längst abgeschafft sind.

Durch die vielen täglichen Werbeimpulse, denen man ausgesetzt ist, wird ein veraltetes Frauenbild weiter verbreitet und aufrechterhalten. Frauen sind in der Werbung nach wie vor überwiegend im Haushalt angesiedelt. Sie sind der versorgende Mittelpunkt der Familie, der das Glück aller im Blick hat und die Lieben deshalb immer mit „Ferrero Küsschen" oder was auch immer versorgt. In den letzten Jahren ist die Werbehausfrau allerdings jünger – und naiver – geworden und muss deshalb vom Fachmann beraten werden. Ein anderer Sektor, in dem Frauen der Werbung überwiegend angesiedelt sind, ist der Dienstleistungssektor, kaum jedoch in höheren Positionen.

„Ein beliebtes Element der Darstellung ist auch die Vermittlung der typisch weiblichen Unarten, durch deren Verwendung negative Klischees von Frauen transportiert werden, um Produkte origineller zu vermarkten. Sie sind fett und gefräßig, komisch, haben einen übermäßigen Hang zu Luxus, Übertreibung und Gier nach teurem Schmuck, sind unpraktisch, unzuverlässig, unfähig, eitel, arrogant, haben ständig Kopfschmerzen und reden ununterbrochen."[22]

Auch wenn die Werbung (von der Zeit) überholte Weiblichkeitsideale präsentiert, wirkt sie durch diese permanente Reproduktion eines verblassten Originals darauf zurück, dass das Original nicht in Vergessenheit gerät und reaktiviert wird im Verhalten jeder einzelnen Konsumentin und jedes einzelnen Konsumenten. So verändert das Medium die Wirklichkeit.

Frauen, die Werbemedien systematisch untersucht haben, kommen zu ganz ähnlichen Ergebnissen und haben diejenigen Frauentypen, die wir permanent vor die Nase gesetzt bekommen, herausgearbeitet. Susanne Litzka identifiziert neun Typen von Frauen in der Werbung:

*1. **Die müßige Genießerin**, deren Domäne das Private ist, die weder intellektuell noch körperlich viel tut.*

*2. **Die makellose Schönheit**, dargestellt als Allgemeingut, Objekt der Begutachtung. Sie hat Vorbildfunktion für die Jugend, ist gesund, schlank und signalisiert Wohlbefinden.*

*3. **Die Erfolgreiche** – scheint auf den ersten Blick ein neuer Frauentypus, wird aber meist mit typisch „weiblichen" Attributen dargestellt, und der Mann sagt, wo's langgeht.*

*4. **Die Luxusfrau** – als Schmuck und Sexualobjekt – ist reich und exklusiv.*

*5. **Die jugendliche Frau**, deren vordergründiges Selbstbewusstsein oft durch infantilisierte und sexualisierte Darstellung zurückgenommen wird.*

*6. **Die Verführerin** ist naturhaft – oft katzenhaft – und von latent ungezügelter Sexualität.*

*7. **Die „lustige Frau“**, die alle negativen Klischees von Weiblichkeit transportiert: Sie ist gefräßig, gierig, ungezügelt und macht sich lächerlich.*

*8. **Das Objekt** – die Frau wird mit dem Produkt gleichgesetzt und dadurch entpersonalisiert.*

*9. **Die gute Mutter** – sie ist in der Werbung für die Familie zuständig.*

Wie auch immer wir die uns vorgesetzten Bilder ordnen oder benennen wollen, es sind – so sollten wir uns immer wieder vor Augen führen – Bilder, die absichtsvoll gemacht werden. Sie werden inszeniert, damit sie sich an unsere eigenen Vorstellungen ankoppeln und in uns lebendig werden – als Wunsch und Begehren. Daher hilft es, statt den Frauen-Typen einen Namen zu geben und sie zu klassifizieren, darauf zu achten, in welcher Weise – also in welcher Haltung und mit welchen Attributen – die Frauen ins Bild gesetzt werden.

Achten Sie z. B. einmal darauf, wie Frauen dastehen! In der Werbung sehen wir nämlich ganz selten Bilder von stabil auf dem Boden stehenden Frauen: Frauen liegen gern – in das Sofa gefläzt, auf dem Bauch auf dem Bett, „verführerisch“ hingegossen oder einfach unten auf dem Boden. Die „***liegende Versuchung***“ nennt die Medienwissenschaftlerin Gudrun Schäfer diesen Werbe-Frauentypus. Wir sehen ***Mutter-Frauen***, die selbst in der Schwangerschaft von elfenhafter Zartheit sind und nach der Schwangerschaft keine Streifen haben; die ***Business-Frau***, die außerordentlich attraktiv und kaum dreißig ist, und nicht zuletzt die ***Fress-Aktive***, deren Gier durch diätreduzierte Schokoladen befriedigt wird.[23]

Frauen werden in der Werbung übertrieben eindeutig „weiblich“ dargestellt. Wir sollen in all diesen Darstellungen auf den ersten Blick erkennen: typisch weiblich! Das fällt uns deshalb so leicht, weil wir immer und immer wieder dieses

Klischee des „Weiblichen“ vorgesetzt bekommen. Es dockt sich sozusagen in unserem Hirn an das an, was wir kennen.

Dieses traditionelle Weiblichkeitsideal schreibt Frauen nicht nur die „notwendigen“ Entwicklungen bestimmter „weiblicher“ Eigenschaften vor, sondern ordnet auch das Verhältnis der Geschlechter in ganz besonderer Weise. Frauen haben in Bezug zu Männern generell eine relativ untergeordnete Position. Nur indem Frauen die entsprechenden Vorgaben erfüllen, erweisen sie sich als „richtige“ Frauen im Sinn dieser Idealvorstellung“.[24]

Das typisch Weibliche in den Bildern wird uns auf den ersten Blick signalisiert über den Körper, die Haltung, die Gebärden, die Mimik: Einerlei, ob die Werbefrauen sitzen oder stehen, liegen oder laufen. Sie bewegen und verhalten sich „weiblich“. Sie haben eine von uns als weiblich identifizierte Körpersprache, die wir deshalb sofort Frauen zuordnen, weil sie nicht umkehrbar ist. Unumkehrbarkeit heißt: Würde ein Mann in genau dieser Weise posieren und schauen – dann gälte er als „unmännlich“. Oder tuntig! Das bedeutet im Grunde: Bewegt sich und posiert ein Mann wie eine Frau, so wirkt er lächerlich. Dieses Kriterium der Unumkehrbarkeit – so die Körpersprachenexpertin Gitta Mühlen Achs – kennzeichnet die Darstellungen von Männern und Frauen in den Bildern unserer Medien.[25]

Warum aber wirken Männer, wenn wir uns die Bilder anders denken, unmännlich und lächerlich? Warum sind viele körpersprachlichen Signale nicht umkehrbar, sondern dem jeweiligen Geschlecht eindeutig zugeordnet? Aufschluss gibt ein Blick auf Posen und Bewegungen der Frauen, die wir in der Werbung sehen.

Weibliche Posen werden weitgehend durch kindliche Verhaltensmuster dargestellt. Dazu gehören der halb geöffnete Mund, der Schmollmund oder der Finger an den Lippen sowie die weit geöffneten Augen. All dies signalisiert Schüchternheit

Sie können nicht stehen

Frauen in der Werbung stehen nicht fest, sondern mit verschämt und affektiert nach innen angewinkeltem Knie. Das macht den Stand unsicher. Wer so steht, kann leicht umgestoßen werden. Auch nach innen gerichtete Füße geben keinen festen Halt. Die Anspannung zusammengedrückter Knie ist Ausdruck der Verlegenheit. Die gesamte gebogene Silhouette der Frauen in den Modekatalogen vermittelt, dass sie unselbstständig und angreifbar sind. Sie stehen (und sind) nie gerade, stolz und aufrecht.
Frauen in den Modemagazinen sitzen häufig (aber meist nicht so entspannt und bequem wie ein Mann) oder sie liegen, mit in den Nacken geworfenem Kopf, sie schmiegen sich an (wenn kein Mann da ist, an ein Kissen), lehnen sich an die Wand oder sind direkt auf dem Boden drapiert, damit der Blick von oben auf sie fallen kann.

und Unsicherheit – hier steht ein Mensch, der unsicher ist, der „in die zweite Reihe" gerückt ist.

Körperhaltungen und Posen, die als typisch weiblich gelten – wir müssen, um Material zu sammeln, nur einen Modekatalog durchblättern oder uns „Germany's next Topmodel" ansehen –, haben ihren Ursprung in der menschlichen Stammesgeschichte. Das Schieflegen des Kopfes ist ein elementares Zeichen der Unterwerfung und Unterordnung. Auch das Nach-hinten-Werfen des Kopfes ist ein in unserer Naturgeschichte verankertes Ritual freiwilliger Selbstaufgabe – das symbolische Anbieten der Kehle erinnert an das tierische Ritual der Unterwerfung unter einen als stärker anerkannten Gegner. Der gesenkte Blick ist ein Symbol der Demut, der diffus verschwommene Blick ist nicht direkt auf das Gegenüber gerichtet und signalisiert Unterwerfung und Nachfolge in der Rangordnung.[26]

4.
Bilder werden gemacht

Ein Bild bildet nicht (nur) die Wirklichkeit ab, es wird auch absichtsvoll inszeniert. Nach dem ersten Golfkrieg 1992 wurde den Menschen deutlich, wie die Bilder dieses Krieges in unseren Köpfen die Vorstellung haben wachsen lassen, dieser Krieg sei sauberer, präziser, ja geradezu human gewesen, da ja nur gezielt gebombt wurde. Das Gleiche wurde uns zu Beginn des Irakkrieges durch gezielte Bilder ebenfalls suggeriert und wiederholt sich bis heute wie im Krieg der Israelis gegen die Palästinenser.

Durch die Zusammenstellung der Bilder, die Gegenüberstellung von Text und Bild und die ergänzenden Kommentare werden Zusammenhänge hergestellt, die in unserem Hirn (oder Inneren) ein Bild entstehen lassen. Mit der Art der Darstellung der Frauen wird eine eigene Medienwirklichkeit erzeugt. Und es wird sogar noch mehr erreicht. Diese Wirklichkeit, die in den Medien sozusagen virtuell besteht, wirkt auf unser reales Leben zurück. Wir verschaffen dieser virtuellen Medienwirklichkeit in unserem Leben eine „reale" Wirklichkeit. Die weiblichen Stereotype wirken auf unsere inneren Bilder zurück. Frauen sollen nicht nur, sondern wollen selbst so sein wie die Werbefiguren.

Innere Bilder von uns selbst

Für die Bilder von Weiblichkeit sind wir alle auch selbst mit verantwortlich. Wir alle tragen unsere Bilder und Vorstellungen davon, wie eine „richtige“ Frau sein soll und was ein „wirklicher“ Mann ist, mit uns herum. Diese Bilder werden uns nicht erzählt, sie sind da, sie wachsen mit uns, ohne dass wir es wissen. Jede und jeder von uns baut sich im Laufe des Lebens das eigene Mosaik und Idealbild zusammen.

Aber jede und jeder hat einen Traum vom eigenen Leben. Wir träumen davon, was wir einmal machen wollen, davon, wie wir sein wollen und wie nicht.

Diese Bilder sind individuell und haben dennoch Gemeinsamkeiten, denn unsere Umwelt ist in großen Teilen gleich, in vielen ähnlich, aber auch sehr verschieden. Wer Geld hat, hat andere Träume als jemand, der keines hat. Wer eine „gute“ Mutter hatte, fühlt sich besser und sicherer in der Welt als ein Mensch, der keine gute Mutter hatte. Wer einen aggressiven Vater hatte, wird anders an das Leben herangehen als ein Mensch, der einen väterlichen Vater hatte. All diese unterschiedlichen Einflüsse – in welchem Kulturkreis, in welchem Land, in welcher Schicht, in welcher Familie, in welcher Familientradition, mit welchem Vater, welcher Mutter, mit welchen Geschwistern jemand auch aufgewachsen sein mag – führen zu unterschiedlichen inneren Bildern.

Jeder Mensch hat eine andere persönliche Geschichte im Gepäck, jeder Mensch hat aber die Szenen seines gelebten Lebens auf einer Bühne gespielt, die er bereits vorgefunden hat. Und auf dieser Bühne treten ihm seine Mitmenschen entgegen, auf dem gleichen Boden, im gleichen Stück. Diese Bühne ist die gesellschaftliche Bühne – eingebettet in unseren Kulturkreis. Wir leben in einem europäischen Land, nicht in Afrika oder Asien, etwa in China. Wir sind im 20. Jahrhundert geboren und nicht im Mittelalter. Wir sprechen dieselbe

Sprache – und das heißt mehr, als dass wir uns auf Deutsch verständigen. Wir können uns verständigen, weil wir auf denselben Brettern stehen, weil wir mit dem gleichen Inventar arbeiten und auch alle die gleichen Requisiten verwenden.

Wir alle spielen Rollen

Der Vergleich mit dem Theater, der Bühne und der Inszenierung bietet sich auch an, wenn wir in unser „wirkliches", unser eigenes Leben sehen. Auch im ganz normalen Alltag inszenieren wir uns und ergreifen, je nachdem, wo wir uns befinden, die passende „Rolle", wählen das Verhalten, das wir in einer Situation für angemessen halten. Wir zeigen immer nur einen bestimmten Aspekt von uns – in gewisser Weise eine Fassade, die wir selbst gewählt haben. Auch das, was wir von einem anderen Menschen wahrnehmen, ist seine Fassade.

Wir alle wollen in unserer Umgebung „eine gute Figur" abgeben. Wir spielen deshalb verschiedene Rollen, je nachdem, wo wir gerade sind: Wir verhalten uns in unserer Firma anders als unter Freunden oder unter Freundinnen und geben uns wieder anders mit den Menschen, die uns vertraut sind, oder mit dem geliebten Menschen:

> *„Die greifbaren Aspekte dessen, was als Ego bekannt ist, sind die Rollen, in denen er [der Mensch] handelt."*

Das sagte Jakob Levy Moreno, mit G. H. Mead einer der Begründer der modernen Rollentheorie.[27] Rollen sind nach Moreno, und das ist das Besondere, nicht nur Erwartungen und Verhaltenszuschreibungen von außen, sondern eine spontane, individuelle Interpretation kultureller Vorgaben. Das bedeutet übersetzt: Wir verhalten uns nicht nur in einer bestimmten Weise, weil wir das müssen, weil unsere Umwelt ein bestimmtes Verhalten von uns erwartet und weil wir bestimmte Normen verinnerlicht haben. Das tun wir selbstverständlich auch. Aber jeder Mensch macht das in einer anderen, seiner ganz eigenen Weise. Zunächst greifen wir also auf ganz bestimmte kulturelle Vorgaben, auf soziale Normen zurück. Aber dieses soziale Gerüst füllen wir mit dem Eigenen, mit dem, was wir im Laufe unseres Lebens erfahren haben. Die individuelle Ausprägung unserer eigenen Persönlichkeit ist jedoch untrennbar mit der sozialen und gesellschaftlichen Umgebung verwoben:

„Jede Rolle ist eine Fusion persönlicher und kollektiver Elemente. Jede Rolle hat zwei Seiten, eine persönliche und eine kollektive Seite.“[28]

Mit unserem Persönlichen füllen wir also das vorgegebene Rollen-Stereotyp individuell aus, und jeder einzelne Mensch entwickelt daraus nach und nach ein eigenes Handlungsmuster. Das sind so genannte „Rollenkonserven“, die der Mensch jederzeit abrufen und dann in der ihm eigenen Weise situativ einsetzen und nutzen kann.

Die Rollen der anderen

Die vielen verschiedenen Rollen, die wir in unserem Leben einnehmen, kommen nicht allein aus uns selbst, aus unserer ganz individuellen Person, sondern entwickeln sich lebensgeschichtlich in der Begegnung mit anderen Menschen. Sie sind geknüpft an die ganz konkreten Erlebnisse, die wir mit anderen Menschen gemacht haben. Wir entwickeln unsere Rollen in der Beziehung mit anderen Menschen – das heißt in der Interaktion. Im Laufe unseres Lebens entwickeln wir unser Selbst aus der Vielzahl unterschiedlichster Interaktionen mit anderen Menschen, die ebenfalls ihr persönliches Handlungsrepertoire mitbringen.

Wir werden also unser Leben lang angehalten, wenn wir mit anderen Menschen zusammentreffen, die jeweils passende Rolle zu ergreifen, die in das geforderte „Rollen-Set" gehört – also etwa Vater – Sohn, Mutter – Tochter, Lehrer – Schüler, Ärztin – Patientin, Mann – Frau. Ich verhalte mich anders, wenn ich mit meinem Vater zusammentreffe – denn ich bin, egal wie alt ich werde – seine Tochter. Wenn ein Lehrer mit einem Schüler spricht, so verhält er sich anders, als wenn er mit seiner Frau zu Abend isst. Und wie begrenzt und eng die Rolle des Patienten oder der Patientin ist im Umgang mit dem Rollen-Pendant, dem Arzt, das wissen Menschen, die einmal krank oder im Krankenhaus waren.

„Alle Rollen, die wir in unserem Leben spielen, lernen wir damit nach und nach in unserer Kindheit und Jugend von unseren Eltern und Bezugspersonen, in der Schule, im Beruf, im freundlichen und feindlichen Miteinander mit den Menschen, denen wir begegnen. Rollen werden in Beziehungen entwickelt und gestaltet. Mit der Zunahme unseres Erfahrungsschatzes wächst auch unsere Rollenvielfalt, unser Rollenrepertoire: Es wächst mit unserem Wachsen und unseren Begegnungen, wird vielfältiger und gestaltet sich vor allem immer persönlicher aus.
Was wir handelnd in unseren Rollen erfahren und erleben (sei es in so übergreifenden Rollen wie die der Frau oder auch in eingegrenzten Rollen wie die der Schülerin oder der berufstätigen Frau), bildet nach und nach unsere spezifischen, individuellen Handlungs- und Rollenmuster aus, die zusammen dann unser Selbst in dieser ureigenen Mischung ausmachen. In diesem unserem Selbst haben sich unsere unzähligen interaktionellen Rollenerfahrungen eingebrannt. Es ist im Miteinander mit den Menschen unserer Umgebung entstanden und mit diesem unmittelbar verbunden."[29]

Diese Rollentheorie bezieht das „Mitspielen der Außenwelt" als Gedanken immer mit ein. „Die anderen, auf die ich mein

Verhalten ausrichte, spielen mit in meinem Stück, und ich wiederum spiele gleichzeitig meine Rolle in deren Stück."[30]

Damit ist auch gesagt, dass ich mit meinem Verhalten aber auch mit verantwortlich bin für die Art und Weise, wie andere Menschen auf mich reagieren. Mein Verhalten ist Auslöser eines Verhaltens, das mein Gegenüber für passend hält, zu dem ich es anrege. Der Volksmund sagt: „Wie ich in den Wald hineinrufe, so schallt es heraus!" Verhalte ich mich als erwachsene Frau wie ein Kind, das geführt werden möchte, werde ich auch entsprechend behandelt. Je nachdem, was ich als Erwachsene in meinem Gegenüber durch ein unselbstständiges Verhalten auslöse, können dies Fürsorge, möglicherweise Herablassung oder auch Herrschsucht sein. Es treffen immer zwei Menschen mit zwei Geschichten aufeinander.

Und wenn ich mich wie ein Weibchen verhalte, dann muss ich mich nicht wundern, wenn meine Welt voller „Männchen" ist – ob ich das will oder nicht.

5.
Ist nur die Mutter eine „wahre“ Frau?

Hauptrolle: Mutter

Es ist gegenwärtig noch eine weitere Frauenrolle auf der Bühne des deutschen Medientheaters zu vergeben: Das ist die Rolle der „wahren Frau“, die Frau, die ihre natürliche Bestimmung einzig und allein darin sieht, Mutter zu sein, und dafür alles andere in den Hintergrund stellt. Es ist die Mutter mit Leib und Seele, die zu Hause bleibt – mit all den Konsequenzen, die dies für ihr weiteres Leben hat –, die Frau, die es in ihrer ureigenen Verantwortung sieht, sich mit Liebe und unter Aufopferung all ihrer anderen Bedürfnisse der Aufzucht der Kinder zu widmen, da das ihr innerstes Wesen ist. Die Rolle scheint aber nicht besetzt zu sein, denn noch läuft das Casting. Die Werbetrommeln werden gerührt, aber – vielerorts wird geklagt, dass die Frauen (noch) nicht (oder nicht mehr) bereit seien, diese Rolle mit voller Inbrunst zu übernehmen.

Die Rolle der Mutter wird zurzeit von einigen Stimmen angepriesen als eine Rolle, die Frauen sozusagen notwendigerweise einmal ausfüllen müssen, um überhaupt „wirklich“ eine Frau zu sein.

Vordergründig geht es dabei um die Fähigkeit der Frau, Kinder zu gebären, die gekoppelt ist mit der Frage, wie viel ihrer Person durch diese Fähigkeit bestimmt wird. Welche Bedeutung hat die Mutterschaft für das Leben der Frau? Bleibt sie auch als Mutter ein Mensch, dem alle erdenklichen Entfaltungsmöglichkeiten der Person offenstehen? Darf sie neben ihrer Mutterrolle auch selbstverständlich die vielen anderen Rollen einnehmen, die andere Menschen übernehmen, um ein erfülltes Leben zu führen? Oder ist sie mit dem Moment der Niederkunft nur noch Mutter? Mit allen Folgen, die das – zumindest in Deutschland – hat?

Es geht dabei um zwei grundsätzliche Fragen, die von unterschiedlichen Seiten beleuchtet werden:

- Was ist die „wahre“ Natur der Frau?
- Wer ist „schuld“, dass es in Deutschland so wenig Kinder gibt?

Aktuell auf die Spitze getrieben hat dieses Problem ein Buch, das diese schwierigen Fragen mit einer ganz einfachen Antwort vom Tisch wischen will: „Das Eva-Prinzip“ von Eva Herman. Demnach liege die wahre Natur der Frau in der Mutterschaft; schuld an der Kinderlosigkeit seien die emanzipierten Frauen, die keine Kinder haben, sondern sich selbst verwirklichen wollen.

An sich ist es völlig überflüssig, das ganze Buch von Eva Herman zu lesen. Der Artikel in der Zeitschrift *Cicero* im Mai 2006 hat völlig gereicht. Dort entfaltete sie ihre Thesen klipp und klar. Warum also sollte jemand zusätzlichen Text von Eva Herman bezahlen? Bekannt als Tagesschausprecherin und durch ihre Talkshow und als Autorin schon mehrerer Bücher zu ähnlich gelagerten Themen, geriet Eva Herman mit ihrem Buch über Nacht auf die Bestsellerlisten.

Das Buch ist allerdings nicht von Geisterhand in die Regale gekommen. Die gesteuerte Aufregung um dieses Buch trug mit zu dessen Verkaufserfolg bei. Die Promoter des Buches und des Themas sind schnell ausfindig gemacht. Sie sitzen in den Redaktionen der Zeitungen und Rundfunk- und Fernsehsender, sind ohnehin immer auf der Suche nach Neuem, nach der aufregendsten und besten Nachricht, einer Provokation, die Aufmerksamkeit erzielen kann.

Ein Buch oder ein Thema, das keine InteressentInnen hat, kann jedoch nicht gewaltsam in den Verkauf gezwungen werden. Letztlich findet ein Buch nur Resonanz, wenn das Thema bereits „in der Welt" ist. Der Gegenstand, der dort aufgegriffen wird, scheint „reif" zu sein, denn ohne diese gewisse Reife in den Medien und in der „wirklichen" Welt hätte das Buch nicht so viel Aufmerksamkeit erhalten können.

Eva Herman ist seit langem mit diesem Thema unterwegs. In ihrem Buch „Glück des Stillens" (2003) schreibt sie:

„Plötzlich fühlte ich die mütterliche Verantwortung, die sich schon seit einiger Zeit ihren Platz in meinem Gemüt gesucht hatte, wie eine stete, warme Quelle in mir, die sich vermischte mit großer, leuchtender Vorfreude."[31]

Es liegt nicht nur an der blumigen Sprache, dass die „mütterliche Verantwortung" zu einem Gefühl wird, das sich Raum verschafft und ausdehnt im Gemüt. Verantwortung ist dann kein moralischer Begriff mehr, Verantwortung wird eine natürliche Empfindung, ohne dass das Gewissen oder der Verstand beteiligt sind. Es ist einleuchtend, dass sich schuldig macht, wer gegen seine Verantwortung verstößt. Und so schreibt Eva Herman konsequent in ihrem Bestseller, der seine These im Titel „Das Eva-Prinzip" vor sich her trägt:

„Diesen Boden kann nur die weibliche Seite bereiten. Es ist die Frau, die in der Wahrnehmung ihres Schöpfungsauftrages die Familie zusammenhalten kann."[32]

Nicht unabsichtlich lässt Eva Herman uns an ihre Namensgenossin Eva, die biblische Urmutter der Menschheit, denken. Es ist Gottes Wille, so lässt sie uns assoziieren, dass die Frau in der Familie bleibt. Es ist nicht der Auftrag des Mannes, für die Familie, die Kinder und deren Leben etwas zu tun.

> *„Dann wäre ich größer und kräftiger und hätte völlig andere Aufgaben zu erfüllen, als ich es als Frau tun muss."*

So lautet die Antwort der kleinen, schwachen Frau Eva Herman auf die sich selbst gestellte Frage: Was wäre anders, wenn Sie ein Mann wären? (Homepage, 2. Juni 2007)

Gegenrolle: die „egoistische“ und kinderlose Frau

Das Thema „Können/wollen Frauen in Deutschland Kinder haben?“ bewegt – zumindest die Öffentlichkeit. Zu Anfang des neuen Jahrhunderts stellen sich viele Menschen die Frage nach den Kindern und wo sie geblieben sind. Dieses Thema wird in Deutschland zurzeit vehement von staatlicher Seite bewegt, ist Hintergrund des Streits um Krippenplätze, der Sorge um die Sicherung der Renten und der Klagen über die überalterte Gesellschaft. In ihrem Sog spült diese Diskussion sämtliche stereotypen Behauptungen und Klischees über Frauen und Kinder wieder hoch.

Aber unabhängig von der aktuellen politischen und Boulevard-Diskussion bewegt und berührt das Thema „Kinder“ vor allem Frauen und deren tägliches Leben.

1950 waren nach Daten des Statistischen Bundesamtes noch 37,9 Prozent der Bevölkerung unter 25 Jahre, 2004 waren es nur noch 27,4 Prozent. Für 2030 wird ein Stand von 21,8

Prozent prognostiziert.[33] Heute gibt es nur noch knapp 1,4 Kinder pro Frau.

Die Frage, warum in der Industrienation Deutschland keine oder zu wenig Kinder geboren werden, hat Eva Herman flugs beantwortet: Es seien die Feministinnen gewesen, die Frauen dazu getrieben hätten, beruflich aktiv zu sein, sich „selbst“ zu verwirklichen. Das sollen sie aber nicht, denn das wahre Selbst, ihre Natur – denn nichts anderes ist in diesem Zusammenhang mit dem Selbst einer Frau gemeint –, liege in der Mutterschaft.

> *„Haben berufstätige Frauen von heute – zu denen ich ja auch gehöre – wirklich das Recht auf unbegrenzte Selbstverwirklichung oder war die Emanzipation ein fataler Irrtum?“*[34]

Eva Herman hat dieses „tiefe Empfinden“ der Mütterlichkeit in sich aufwallen lassen, arbeitete aber trotz ihres Kindes, wie sie ja einräumt, weiter. Desirée Nick bedankt sich in ihrem Buch „Eva go home“ daher ironischerweise für die Steilvorlage vor allem bei der Cicero-Redakteurin Christiane Eichel, die Eva Herman wohl beim Schreiben half.[35] Auch Jana Simon scheinen die Unterschiede im sprachlichen Niveau von Hermans Vorgängerbüchern und dem „Eva-Prinzip“ an Christiane Eichels Federführung zu liegen.[36]

> *„Der Mann steht in der Schöpfung als der aktive, kraftvolle, starke und beschützende Part, die Frau dagegen als der empfindsamere, mitfühlende, reinere und mütterliche Teil. In den zurückliegenden Jahrtausenden richtete die Menschheit ihre Lebensform nach dieser Aufteilung aus, die Rollen waren klar definiert.*
> *Der Mann ging zur Jagd, später zur Arbeit und sorgte für den Lebensunterhalt der Familie, die Frau kümmerte sich um das Heim, den Herd, die Kinder und stärkte ihrem Mann den Rücken durch weibliche Fähigkeiten wie Empathie, Verständnis, Vorsicht.“*[37]

Solche Sätze von Herman, die nicht nur Desirée Nick antrieben, „mit Vergnügen mit dem ganzen Mist“ aufzuräumen, offenbaren ein sexistisches, biologistisches Bild der Frau. Die Rolle der Frau sei es, aufgrund ihrer natürlichen Fähigkeit Mutter zu werden, zu Hause zu bleiben und hauptverantwortlich für die Kinder zu sorgen.

Um fehlende Kinder und die Verantwortung der Frauen wird zurzeit eine öffentliche Polemik ausgetragen

Mit seinem Buch „Methusalem-Komplott“ wanderte Frank Schirrmacher, der FAZ-Herausgeber, durch die Fernsehanstalten und debattierte über die Alterspyramide. Nun nimmt er den Folgeband „Minimum – Vom Vergehen und Neuentstehen unserer Gemeinschaft“ zum Anlass, in Talkshows über die natürlichen Talente der Geschlechter zu räsonieren, so Anja Kullmann, die junge Autorin des erfolgreichen Buches „Generation Ally“.
„In der ZEIT-Redakteurin Susanne Gaschke hat Schirrmacher eine Sekundantin gefunden. Gaschke hat das Buch ‚Die Emanzipationsfalle. Erfolgreich, einsam, kinderlos‘ geschrieben. Beide Autoren bedienen sich, ähnlich wie Frau Herman, aus einem Potpourri von Biologismen, unklar verorteten ‚Normen‘ und anderen so genannten Natürlichkeiten. Die Visitenkarten FAZ und ZEIT adeln das Stammtisch-Ressentiment von der Frau, die an den Herd und zum Kind gehört, mit dem Anhauch des Intellektuellen.“ (Anja Kullmann in: Kölner Stadtanzeiger, 28.4.2006)

Susanne Gaschke wendet sich allerdings entschieden gegen die Dummheit und vor allem gegen die Struktur der Argumentation Hermanscher Prägung, die vom „göttlichen Auftrag“ spricht. Sie verteidigt aber einen Lebensentwurf von Frauen, die als Hausfrau zu Haus bleiben wollen, wenn sie es denn frei wählen. Sie sieht in der Leistung der Frauen, die sich zu Hause um die Kinder kümmern, eine gesellschaftlich notwendige

Arbeit, die nicht – wie sonst alles in der Dienstleistungsgesellschaft – privatisiert und ausgelagert werden könne. Diese Gesellschaft aber biete – auch in der Gesetzgebung – Frauen nicht mehr die Möglichkeit der Wahl, Hausfrau zu sein. Der „Berufs-Imperativ" sei stärker als der „Kinder-Imperativ". Außerdem entspreche die Realität des Lebens von Männern und Frauen nicht der emanzipierten Vorstellung. Wenn Kinder da sind, ist es vorbei mit den guten Vorsätzen.[38]

Die Frauen werden nun aber auch von eben diesen intelligenten Frauen aufgerufen, Kinder zu bekommen. Ausgerechnet die (wenigen) Frauen, die sich für Beruf und gegen Kinder entschieden haben, werden verantwortlich gemacht für den Rückgang der Geburten. Eine „vollständige, erwachsene Frau" sei nur eine, die mindestens ein Kind geboren hat, behauptet Susanne Gaschke und ist der Ansicht, Kinderlose könnten eigentlich auch keine guten Lehrerinnen oder Politikerinnen sein. Das ist aber nun vollkommener Unsinn, meint Anja Schrupp in der Frankfurter Rundschau:

> *„Dabei sitzt Susanne Gaschke unter anderem dem weit verbreiteten statistischen Irrtum auf, dass die ideale Fertilitätsrate von zwei Kindern pro Frau am besten dann erreicht wird, wenn jede einzelne Frau diese zwei Kinder auch persönlich bekommt. So ist es aber nicht. In Ländern mit hoher Fertilitätsrate, den USA etwa, ist der Anteil von kinderlosen Frauen genauso hoch wie in Deutschland – nur dass diejenigen Frauen, die dort Mütter sind, nicht eins oder zwei, sondern drei, vier oder fünf Kinder haben … Apropos Geburtenrate. Ein interessantes Faktum … ist Folgendes: Die durchschnittliche Kinderzahl pro Frau ist in Deutschland seit 30 Jahren stabil.*[39]

Argumentationen, die sich auf „Natur", „Natürlichkeit", „Vollständigkeit", oder wie auch immer die Begriffe heißen, berufen, basieren mehr auf ganz persönlichen Glaubenssätzen denn auf überprüfbaren Argumenten. Die Schuldzuweisung –

in diesem Fall an die „Feministinnen" oder die kinderlosen Frauen, die von ihrem „natürlichen" Wege abgewichen sind – ist mangels der in der Realität vorzufindenden Beweise dieser Behauptungen (*siehe* 7. Berufstätige Frauen und Mütter) „blanke Ideologie". Mit dem Wort Ideologie wird ausgedrückt, dass es sich um ein Bündel von Vorstellungen handelt, mit dem man sich die Beschaffenheit der Welt erklären will (um aber eigentlich ganz reale politische und wirtschaftliche Ziele durchzusetzen). Oder nicht ganz so polemisch ausgedrückt: Eine Ideologie ist ein Gedankengebäude, das uns die Vergangenheit, Gegenwart und Zukunft unserer Welt erklärt. Solch ein Gedankengebäude ist oft nur bedingt brauchbar, bedient aber immer ein bestimmtes Interesse.

Zurück zur Familie und an den Herd?

Was steckt hinter Eva Hermans Appell, die Frauen sollten sich um den Erhalt der Familie und die Aufzucht der Kinder kümmern? Viele Frauen tun das ja bereits oder immer noch! Die BefürworterInnnen dieser Frauenrolle rennen damit vielerorts offene Türen ein. Warum sonst gibt es so viele in Teilzeit arbeitende Frauen? Weil sie nach der Geburt ihres Kindes oft zu Hause bleiben. Denn: Wir haben – im Vergleich mit anderen europäischen Gesellschaften – keine kinderfreundliche und vor allem keine mütterfreundliche Umwelt und Gesetzgebung – so erneut offenbar geworden durch die Debatte um Krippenplätze. Wenn sich aber eine erfolgreiche Frau hinsetzt und vom Glück des Mutterseins schreibt, das Frauen genießen sollen, die froh sind, dass sie überhaupt eine Arbeit haben, deren Männer möglicherweise arbeitslos sind, dann kann man sich schon fragen, ob dazu nicht eine gehörige Portion bornierter Ignoranz gehört. Oder – und das ist eine Frage, zu der nicht nur Eva Herman provoziert – handelt es sich um die absichtsvolle Verhöhnung der Frauen? Der Verlag preist das Buch nämlich so an:

> *„Eva Herman plädiert für eine Rückkehr zur* ***traditionellen Wahrnehmung der Geschlechter****, um die Familie und damit die ganze Gesellschaft* ***vor dem Aussterben zu bewahren****. Zurück in die Steinzeit? Nur auf den ersten Blick. Auf der Suche nach Bestätigung haben sich die Frauen in eine männliche Rolle drängen lassen,* ***angriffslustig, aggressiv****, zu Teilen* ***selbstherrlich****, und nun haben sie auch den letzten Schritt vollzogen:* ***Sie wollen nicht mehr gebären****. Der* ***Schlüssel zur Änderung der dramatischen gesellschaftlichen Situation sind die Frauen****, erklärt Eva Herman überzeugend. Deshalb ist es das zentrale Anliegen des Buches, Frauen ihre Weiblichkeit neu entdecken zu lassen. Am Beispiel ihres eigenen Lebens stellt sie die entscheidenden Fragen: Was macht mich glücklich? Ist das* ***Spaßprinzip*** *alles? Was bleibt, was gibt meinem Leben Halt und Sinn? Ein mutiges, überzeugendes Buch, das das Leben jeder Frau verändern wird – und vielleicht auch das Leben einiger Männer."*

Bis sich die Frauenbewegung dagegen zur Wehr setzte, war es immer „gute Tradition", dass die Frau im Haus ihre „Weiblichkeit" voll entfaltete. Diese „traditionelle Wahrnehmung der Geschlechter" fordert den Ausschluss der Frauen aus der Öffentlichkeit, schickt sie nach „drinnen" ins Haus, wo sie ohne Einfluss sind. Nachgiebig, zurückhaltend und bescheiden sollen sie sein – also das Gegenteil von „angriffslustig, aggressiv und selbstherrlich". So zu sein – das müssen wir messerscharf schließen – gilt diesen Autorinnen und Verlegern als das natürliche männliche Vorrecht.

In den Diskussionen, die in den Medien geführt werden, wird – es hebt die Quote – immer polarisiert. Unsere Diskussionskultur lebt offenbar von diesen Vereinseitigungen und Übertreibungen. Allerdings können solche Klappentexte vernünftige Menschen in der Tat zornig machen.

Wir können solchen kurzschlüssigen und wie EMMA sagte, steinzeitlichen Thesen, die Frau solle „weiblicher“ werden, weniger aktiv und als Mutter zu Hause wirken, aber nicht dadurch etwas entgegensetzen, dass wir die Autorin intellektuell herabwürdigen. Sie spricht etwas aus, mit dem sie nicht allein steht. Sie berührt mit diesem Buch etwas, das – wollen wir bei ihrer eigenen Wortwahl bleiben – die Seele vieler Frauen bewegt: den Wunsch, sich um das eigene Kind kümmern zu können, den Wunsch, das Wesen, das sie geboren haben, zu beschützen.

6.
Frauen können Kinder kriegen

Zur menschlichen Weiblichkeit gehört die Fähigkeit, Kinder zu bekommen. Das ist eine Tatsache. Kein anderer Umstand widerspricht dem Gedanken der Geschlechtergleichheit mehr als die Tatsache, dass jeder Mensch aus einer Frau geboren wird. Frauen können gebären, Männer nicht. Ein menschlicher Säugling und auch der kleine Mensch ist auf Versorgung und Schutz lange Zeit angewiesen, viel länger als jedes andere Säugetier.

Für die gesunde Entwicklung des Menschen – für die gute Entwicklung des Säuglings zu einem psychisch gesunden Menschen – ist, so wissen wir aus der modernen Entwicklungspsychologie (vgl. Martin Dornes: Der kompetente Säugling), der Kontakt und die Beziehung existenziell wichtig. Das Kind wird heute keineswegs mehr als bloß passives, nur von den Eltern abhängiges Wesen gesehen, sondern die gegenseitigen aktiven Einflussnahmen von Mutter und Kind werden in einer Vielzahl von Beobachtungen und Belegen nachgewiesen.

Die moderne Bindungstherorie (John Bowlby[40]) besagt, dass bei Primatensäuglingen ein bestimmtes überlebenswichtiges genetisch vorgeprägtes Muster in Gang gesetzt wird, das sie notwendigerweise Bindung herstellen lässt zu ihrer Mutter. Wer – Mutter oder Vater (oder auch eine andere Bezugsperson) – diese Beziehungsaufgabe für das Kind auf Dauer übernimmt, nachdem die enge körperliche Kontaktphase zum Säugling abgeschlossen ist, ist möglicherweise nicht entscheidend. Entscheidend für die gesunde Entwicklung eines Menschen aber ist, dass sie überhaupt wahrgenommen wird.

Die „Mutterrolle" ist also die einzige und notwendige Rolle, mit der ein Mensch zu einem Säugling in den ersten Monaten eine Beziehung herstellen kann. Das Kind bedarf der mütterlichen Behandlung, aber zwischen Geschlechtern zu unterscheiden ist nicht Sache eines Babys. Die Menschen entscheiden und bewerten, wer solch eine Rolle übernehmen kann und wer nicht. Auch ein Mann könnte eine mütterliche Rolle – die Rolle, in der er sein Kind hegt und pflegt – übernehmen.

Frauen wollen Kinder

Wenn Frauen sich dagegen zur Wehr setzen, mit Hinweis auf ihre Natur, die sie dafür prädestiniere, wieder allein für Kinder, Haus, Hof und Küche verantwortlich gemacht zu werden, so muss damit nicht gleichzeitig gesagt sein, dass es einerlei ist, wer die Beziehung zum Säugling aufnimmt, und dass Männer in gleicher Weise für diese Phase herangezogen werden sollten. Möglicherweise ist es für das kleine Wesen einerlei – Hauptsache, es hat einen innigen Kontakt zu einem ihn beschützenden Menschen. Aber für eine Frau, die Mutter wird, ist es das sicherlich nicht.

Der Mensch ist so beschaffen, dass nicht nur sein Verstand, sondern auch sein Körper zu seiner Person gehört. Wir sind mehr als unser Kopf – und fühlen mehr, als in unserem Hirn abmessbar ist. Frauen haben, da das neue Wesen aus ihrem Körper geboren wird, auch eine besondere Beziehung zu diesem Kind. Es ist deshalb ein gesunder und natürlicher Vorgang, wenn junge Mütter ein inneres Bedürfnis nach engem Kontakt mit ihrem Säugling haben und sich um ihren Säugling kümmern wollen. Sie wollen die sensationelle Erfahrung des Stillens machen und den Prozess langsamer Loslösung von ihrem Kind erleben können, der durch die Geburt begonnen hat.

Wenn Mütter also zu Hause bleiben wollen, um sich um ihren Säugling zu kümmern, dann ist das ihr gutes Recht und mag ein tiefer Wunsch sein. Kinder sollten ernster genommen werden, man kann sie nicht zwischen Tür und Angel bekommen und aufziehen.

Mütter sollten die Möglichkeit haben, sich in Ruhe um ihre Säuglinge kümmern zu können. Diese Phase erleben zu dürfen, gehört mit zur Entfaltung der weiblichen Person, gehört auch mit zu ihrem weiblichen Selbst. Denn auch Menschen sind „Säugetiere", und auch in dieser Spezies gibt es „Weibchen", in diesem Sinne eine sinnvolle Rolle, denn sie ist nur eine zeitweilige neben anderen, die folgen werden. Warum sollte die Natur also etwas vorgesehen haben, das wir Menschen – aus irgendwelchen Gründen und mit wechselnden Moden – mal befürworten und dann wieder abgelehnt haben: das Stillen des Nachwuchses, den intensiven Kontakt des mütterlichen Wesens mit dem von ihr abhängigen Säugling.

Aber die Forderung nach mehr Kindern macht der Frau zur „Pflicht" – unter Berufung auf welche Instanzen auch immer, seien es Gott, Schöpfung oder Natur –, was ein Recht sein sollte. Das Recht der Frauen, Kinder zu bekommen, wird verknüpft mit einem ominösen Gesetz. Weil Frauen Kinder bekommen können, wird ihnen zusätzlich die Last aufgebürdet, auch in Zukunft wieder hauptverantwortlich zu sein für den Erhalt der Familie, die Sicherung der sozialen Strukturen und die Zukunft der Gesellschaft. Die Männer sind damit völlig „entlastet", sie haben mit all diesen Dingen, folgten wir solchen Gedankengängen, überhaupt nichts zu tun, sie sind befreit von Verantwortung – sie sind aufgrund ihres Geschlechtes „verantwortungslos".

Es ist ein Recht der Frauen, Kinder zu bekommen, und keine Pflicht. Unsere Gesellschaft macht es Frauen aber offenbar schwer, dieses Recht wahrzunehmen. Denn es kostet Geld, gute Bedingungen für Mütter und Kinder zu schaffen, das zeigt nicht nur der Streit um die Kindertagesstätten. In der heutigen hochindustrialisierten (deutschen) Gesellschaft sind jedoch Wirtschaftlichkeit und Gewinn oberste Werte. Die Kosten entscheiden. Alles wird nach privatwirtschaftlichen Überlegungen berechnet. Solange aber die Denkweisen der Banker und BWLer und der allein am finanziellen Gewinn orientierten Unternehmen definieren, was „Wert“ ist, so lange werden Werte, die etwas kosten, es schwer haben.

Wer gegenüber der biologistisch gefärbten Mutterschaftsdiskussion Vorsicht walten lässt, muss die provozierende Frage stellen, ob es Frauen in unserer Gesellschaft überhaupt möglich ist, Kinder zu bekommen. Die offensichtliche Dummheit und „Steinzeitlichkeit“ der Argumentation mit ihren „schöpfungsgeschichtlichen“ Anleihen, selbstbewusste, emanzipierte Frauen hätten ein „Kinderloch“ verursacht und alles ließe sich ins Lot bringen, wenn Frauen aus persönlicher Verantwortung zu ihrer „Weiblichkeit“ zurückfänden, liegt auf der Hand. Aber es ist nicht nötig, in Bausch und Bogen mit abzulehnen, dass Frauen gern Kinder hätten – und dass dies ein seelisches Bedürfnis sein kann.

Junge Menschen wollen Kinder

Die 16. Shell-Jugendstudie 2006 ist das Referenzorgan der Soziologen, wenn es darum geht, etwas über die jungen Menschen in Deutschland zu sagen. Diese Studie untersucht seit nunmehr 53 Jahren im Abstand von vier Jahren die Lage, die Einstellungen und die Hoffnungen und Werte junger Menschen in Deutschland zwischen 12 und 25 Jahren. Bei der letzten Studie ging es vor allem um die Leitfrage „Jung und Alt“.

Junge Menschen, so zeigt die Studie, haben einen starken Kinderwunsch, immerhin 62 Prozent der Jugendlichen wollen Kinder haben. Es ist offensichtlich überhaupt nicht so, dass junge Frauen Kinder nicht in Betracht ziehen, weil diese ihrer Karriere und den beruflichen Entwicklungsmöglichkeiten im Wege ständen. Sie sind in jungen Jahren – immerhin hören sie ja von allen Seiten, dass Gleichberechtigung herrscht – durchaus der Überzeugung, dass beides zu vereinbaren sei: Kinder und Beruf. Aber – so zeigt die Shell-Studie ebenfalls: Junge Menschen haben auch Angst – und zwar die Angst, keine Arbeit zu finden. Da sind die Mädchen selbstverständlich nicht allein. Auch junge Männer haben die Sorge, dass sie später keine Arbeit haben werden, ja viele haben noch nicht einmal die Chance auf eine Ausbildung.

Ihre Angst, abhängig zu sein, abzurutschen beziehungsweise gar nicht so weit nach oben zu kommen, um überhaupt abrutschen zu können, bringt junge Menschen erst im Lauf der Jahre und der Erfahrung dazu, auf Kinder zu verzichten. Eigentlich will die junge Generation eine Familie, sieht – ganz traditionell – die Familie als Ort der Geborgenheit und des Schutzes. Sie träumt davon, eines Tages selbst solch einen schützenden Ort zu schaffen. Aber in den vergangenen 30 Jahren hat sich bei etwa 30 Prozent aller Familien die Situation enorm verschlechtert. Wer zu dieser unteren Mittelschicht und Unterschicht[41] gehört, der scheint in Deutschland keine Chance zu haben, entgegen allen anders lautenden Beteuerungen. Ein junger Mensch, der in so genannten Unterschichtsverhältnissen aufwächst, hat es sehr schwer „aufzusteigen“. Eine gute Schul- und Ausbildung ist aber Voraussetzung, um überhaupt auf dem engen Arbeitsmarkt mitspielen zu können und so eine Basis für die Gründung einer Familie zu schaffen.

Zurück zur realen Situation von Frauen und der Behauptung, Frauen wollten keine Kinder haben. Viele Frauen können (!)

keine Kinder haben: Sie haben keine wirkliche Wahlmöglichkeit. Die reale wirtschaftliche Situation macht es ihnen unmöglich. Stärker als die männliche ist die weibliche Bevölkerung vor allem von Unterhaltsleistungen Angehöriger abhängig.[42]

Warum immer mehr junge Menschen auf Kinder verzichten

Es stehen sich also zwei Bedürfnisse gegenüber, die sich offensichtlich ausschließen: „Die Mehrheit der Jugendlichen verspürt zwar einen Wunsch nach eigenen Kindern. Sie möchte aber das persönliche Glück nicht von der Erfüllung dieses Wunsches abhängig machen und kann sich ein zufriedenes Leben auch ohne Kinder vorstellen."[43] Es ist die Sorge um die eigene Zukunft, die junge Menschen davor zurückschrecken lässt, Kinder zu bekommen – nicht der blanke Egoismus und der Spaß, den sie zu verlieren fürchten.

Jungen Menschen muss die Diskussion um die Kinderfrage widersinnig vorkommen. Denn sie stecken in einer paradoxen Situation. Auf der einen Seite hören sie, dass sie Kinder bekommen sollen, dass sie – und ihre Kinder wiederum – als zukünftige Leistungsträger der Gesellschaft gesehen werden und für die Renten der alten Generation aufkommen sollen. „Viele Jugendliche wären wohl bereit, Leistungen zu erbringen, wenn man sie nur ließe." Zu diesem Ergebnis kommt die Shell-Jugendstudie von 2006.[44] Aber es gibt für junge Menschen zu wenig Arbeitsplätze, und es gibt zu wenig Lehrstellen. Die „wenigen Kinder", die für die Renten der Älteren aufkommen könnten, bekommen heute nicht einmal alle die Gelegenheit einzuzahlen, um das System stabil zu halten. Sie sind arbeitslos oder leben in völlig unsicheren finanziellen Verhältnissen. Mit mehr Kindern scheint also das Problem der

Alterssicherung nicht gelöst werden zu können, wenn noch nicht einmal die beklagten wenigen Jugendlichen in dieser Gesellschaft einen (Arbeits-)Platz finden.

Hochqualifiziert, erfolgreich und flexibel – das ist nach Ulrike Ley und Katharina Michalik ein Teil der neuen jungen Arbeitslosen, die Generation *Prekariat.*

Prekariat

Der Begriff leitet sich von „prekär" – misslich, schwierig – ab. „Prekariat" ist ein Begriff aus der Soziologie und definiert ungeschützt Arbeitende und Arbeitslose als neue soziale Schicht. Dabei handelt es sich um keine sozial homogene Gruppierung. Vielmehr setzt sich das Prekariat aus kleinen Selbstständigen und Angestellten auf Zeit, aus Praktikanten, aber auch aus chronisch Kranken, Alleinerziehenden und Langzeitarbeitslosen zusammen. (http://de.wikipedia.org/wiki/Prekariat)

Sie haben Teilzeitverträge und Honorarverträge, machen Praktika und schreiben sich auf den Bauch: „Suche Zukunft jeder Art". Es ist eine ganze Generation, die es gar nicht schafft, in das jetzige System der Arbeitenden hineinzukommen.[45] Wie sollen sie Verantwortung für Kinder übernehmen?

Die Rede von der Mütterlichkeit

Die öffentliche Diskussion um Muttersein und Kinderkriegen scheint offenbar immer dann aufzukommen, wenn irgendeine gesellschaftlich relevante Gruppe ein Interesse daran hat und sich von dieser Diskussion etwas verspricht. Die „Natürlichkeit" und damit unverrückbare Selbstverständlichkeit oder Gottgewolltheit, dass Frauen allein die Verantwortung für die Kinder übernehmen sollen, wird dann beschworen, wenn es opportun erscheint.

Nicht die Mutterschaft und das mütterliche Gefühl sind kulturelle Erfindungen, sondern die öffentliche Rede davon. So wurde Ende des 18. Jahrhunderts die natürliche Mutterliebe beschworen, da die Kindersterblichkeit zu hoch lag. Auch die Kinder wurden erst mit der frühen Neuzeit „entdeckt".[46] Im Mittelalter wurde das Kind, nachdem es dem Säuglingsalter entwachsen war und sich selbstständig fortbewegen konnte, nicht mehr als Kind wahrgenommen. Die Verfeinerung der mütterlichen Gefühle und die Rede von der natürlichen Mutterliebe kamen etwa um 1800 mit den ersten Anfängen der Industrialisierung auf. Damals starben die Kinder der am Hungertuch nagenden Handwerker. Manufakturarbeiterinnen und -arbeiter konnten die Produkte billiger herstellen. Zu den schlimmsten Auswüchsen kam es im 19. Jahrhundert. Frauen und Kinder arbeiteten unterschiedslos bis zu 15 bis 18 Stunden am Tag. Kinder wurden in Bergwerken eingesetzt – wie heute in China –, weil sie in den niedrigen Stollen die Karren besser ziehen konnten. Erst ab 1833 kam es zu den ersten Gesetzen, die die Kinder schützen sollten vor der absoluten Willkür der Fabrikanten.

Gegen diese brutalen Auswüchse des so genannten Manchesterkapitalismus im 19. Jahrhundert – ein Kapitalismus, in dem die ArbeiterInnen keinerlei Rechte hatten und Männer, Frauen und Kinder ohne Unterschied arbeiten mussten und ausgebeutet wurden –, wurden die ersten Arbeiterinnenschutzgesetze erlassen. Mit dieser Gesetzgebung wurde versucht, Frauen- und Kinderarbeit einzuschränken, um den katastrophalen gesundheitlichen Folgen entgegenzuwirken. Damals mussten die Frauen der unteren Klassen arbeiten; es ging nicht darum, ob sie zu Hause bleiben wollten oder nicht. Diese Frauen wollten – das wird nun niemand sagen – sicherlich nicht arbeiten, um sich selbst zu verwirklichen; sie mussten es tun, um zum Überleben ihrer Familie und ihrer Kinder beizutragen.

Im 19. Jahrhundert scherten sich die einflussreichen Kräfte der neuen kapitalistischen Gesellschaft nicht um die armen Mütter. Frauen mussten nach der Niederkunft sofort wieder arbeiten, bekamen ihre Kinder manchmal während der Arbeit hinter den Maschinen. In dieser Zeit lag in der Forderung, die schwere Arbeit für Frauen zu verbieten, ein Versuch, Frauen zu schützen und Widerstand gegen die schlimmsten Auswüchse des Kapitalismus zu leisten. Trotzdem gab es auch in jener Zeit heftige Diskussionen um die Frage: „Arbeiterinnenschutz ja oder nein". Die Sozialdemokratie und christliche Organisationen wollten mit dem geforderten Verbot der Frauenarbeit die Frauen schützen; bürgerliche Frauen kämpften hingegen um das Recht auf Arbeit, das ihnen untersagt war.

Heute leben wir – wie manche es nennen – im „Heuschreckenkapitalismus". Wir hören in TV-Features, dass in den USA – für unsere Wirtschaft ja immer das große Vorbild – viele Menschen drei Jobs haben müssen, um überleben zu können. Auch in der Bundesrepublik Deutschland, in der heute über Mindestlöhne gestritten wird, die garantiert werden müssten, kann eine Person allein oft nicht eine ganze Familie ernähren. So müssen die meisten Frauen außer Haus arbeiten – dazuverdienen (!). Was also soll die Rede vom „Idyll: Hausfrau und Mutter"?

In der bundesdeutschen Gesellschaft im Jahr 2007 hat die Mehrheit der Frauen keine Möglichkeit, Kinder zu bekommen, sie nach ihren Vorstellungen verantwortungsvoll aufzuziehen und gleichzeitig ihre Chancen zu wahren, sich in der Öffentlichkeit, sprich Beruf, weiterhin ohne größere Probleme als vorher, also ohne Kinder, zu bewegen, zu arbeiten und an ihr teilzuhaben. Wir leben in einer Gesellschaft, in der eine Frau, die Kinder bekommt, diese nicht ohne Not, sei es organisatorischer oder finanzieller Natur, erziehen kann. Sie wird dazu verdonnert – oder da wir ja angeblich die freie Wahl haben, verdonnert sie sich selbst dazu! –, einen großen Teil ihres Lebens zu Hause zu bleiben, zu wischen und zu putzen oder später schlechter positioniert beziehungsweise als Teilzeitarbeitende wieder in den Beruf einzusteigen. Wenn eine Mutter, nachdem sie ihre Kinder bekommen und aufgezogen hat, mit großer Begeisterung wieder begrüßt werden würde in der „öffentlichen Welt der Arbeit", in die sie zurückkommt, ja, dann wäre alles in Ordnung!

7.
Berufstätige Frauen und Mütter

Frauen haben heute, so sagt „man“, die freie Wahl. Sie sind schließlich emanzipiert. Ihnen stehen alle Berufsmöglichkeiten offen, sie sind auf der ganzen Linie gleichberechtigt. Wie kommt es aber, dass es nicht so aussieht, als ob alle Frauen wirklich wählen können?

> *„Egal, ob Mädchen oder Junge – eines ist auch heute noch fast sicher: Die zentrale Bezugsperson für Kinder ist die Mutter. Sich in den ersten Jahren um den Nachwuchs zu kümmern, das übernehmen in Deutschland ganz überwiegend die Frauen, auch wenn die Väter zuletzt bei der Erziehungszeit etwas aufgeholt haben. Neu ist: Auch Mütter mit kleinen Kindern wollen mehrheitlich schnell in den Beruf zurück. Doch während in den skandinavischen Ländern etwa die Hälfte der Kinder unter drei Jahren einen Platz in einer Betreuungseinrichtung hat, ist es in Deutschland nur jedes zehnte, in den West-Ländern sogar weniger als sechs Prozent.“*[47]

Viele Frauen sind also längst zu Hause (geblieben) und kümmern sich um ihre Kinder oder sie machen es nach wie vor zusätzlich zu ihrer Arbeit außer Haus. Die Frauen, die freiwillig aus dem Beruf aussteigen, müssen diesen Aufenthalt zu Hause, das Glück des Stillens, die Zeit, die sie der Aufzucht der Kinder widmeten, oft teuer bezahlen: Wenn sie zur Oberschicht gehören, dann fliegen sie raus aus der selbst erarbeiteten Oberschicht. Sie können sie sich – mit Kind – meist nicht mehr leisten. (Es sei denn, ihr Mann finanziert die Oberschicht weiterhin.) Also gehen die Frauen zurück in ihren Beruf, arbeiten Teilzeit, tappen in die Teilzeitfalle, verzichten auf den Aufstieg, auf das Weiterkommen in ihrem Beruf. Denn Karriere heißt Treppensteigen, und dazu brauchen Menschen Zeit und Energie.

Kinder bedeuten für Frauen in der Regel „Treppe runter“. Sei es, weil die Frauen auf dem Weg nach oben überholt werden, während sie pausieren, oder von der Leiter geschubst werden. Frauen haben einen Lebensrhythmus, der offensichtlich nicht ins Arbeitssystem passt.

Mütterfeindliche Arbeitswelten und Chefs

Eine Kollegin war bis zu ihrem ersten Kind Programmleiterin eines Verlages. Als sie nach einem Jahr (!) Mutterschaft zurückkehrte, um ihre Arbeit wieder aufzunehmen, und darum bat, einen – einen einzigen Tag in der Woche! – zu Hause arbeiten können, wurde ihr das zwar gewährt. Der Geschäftsführer bezweifelte aber, dass sie in diesem Fall weiterhin Abteilungsleiterin sein könne. Nun mag man mit Recht sagen, dies sei kleingeistig und borniert, und niemand würde dem widersprechen: Aber diese Geister bestimmen den Alltag. Und sie haben die Macht dazu.

Gehört man aber zur Unterschicht oder unteren Mittelschicht, so wird deutlich, dass es nur eine Möglichkeit gibt – zu arbeiten: Welche Frau der Unterschicht hat denn im Entferntesten die Wahl, zu Hause zu bleiben, wenn sie kleine Kinder hat?

Sie hat keine Wahl

Die Putzhilfe meiner Freundin, eine liebe Frau und Mutter zweier Kinder, wäre sicherlich gern zu Hause geblieben. Sie hätte sich durch nichts – außer der materiellen Not – abhalten lassen, sich als Hausfrau um ihre kleinen Kinder zu kümmern. Sie fühlt sich nicht „vermännlicht“, weil sie sich an mehreren Putzstellen abrackert, um ihre Familie mit zu ernähren, die von der Hartz-IV-Unterstützung nicht existieren kann. Sie geht putzen, weil sie es muss, um zu überleben. Und später wird sie eine lächerliche Rente haben, weil sie nicht sozialversicherungspflichtig gearbeitet hat.

Unsere Gesellschaft bietet Müttern keine Möglichkeit, zu Hause zu bleiben. Auch wenn es mehr Kindertagesstätten gäbe, sind viele Frauen genötigt für den Unterhalt der Familie mitzuarbeiten. Bei einer Arbeitslosenquote im März 2007 von 11 Prozent bei Menschen über 20 Jahren[48] bleibt hier – Kita hin oder her – gar keine andere Wahl. Die Arbeitsverteilung in unserer Gesellschaft zwingt die Menschen in Notgemeinschaften, und jeder schafft etwas zum Lebensunterhalt heran.

Zwei Drittel der Mütter sind erwerbstätig

Im März 2004 gab es in Deutschland rund 11,6 Mio. Frauen und 9,9 Mio. Männer im erwerbsfähigen Alter (also 15 bis 64 Jahre), die mit mindestens einem Kind in einem gemeinsamen Haushalt lebten. Von diesen Frauen waren zwei Drittel erwerbstätig (7,4 Mio. Mütter und 8,5 Mio. Väter), und zwar fast alle von ihnen (7,1 Mio. Mütter und 8,4 Mio. Väter) aktiv, d. h. sie übten den Beruf zum Zeitpunkt der Befragung tatsächlich aus und waren nicht – z. B. wegen Elternzeit – vorübergehend vom Arbeitsplatz abwesend. Damit betrug im März 2004 die Erwerbstätigenquote der aktiv erwerbstätigen Mütter – d. h. der prozentuale Anteil der aktiv Erwerbstätigen an der jeweiligen Bevölkerungsgruppe – 61 Prozent. Dagegen waren 85 Prozent der Väter weiter erwerbstätig. Also deutlich mehr. Das zeigt, dass die Väter weiterhin kaum Gebrauch machen von der möglichen Erziehungszeit.

Je mehr Kinder die Frauen bekommen und zu betreuen sind, desto seltener sind sie aber erwerbstätig – sei es in Teil- oder Vollzeit. Spätestens mit dem dritten Kind im Haushalt gibt ein beträchtlicher Teil der Mütter den Beruf (zumindest vorübergehend) auf.[49] Aber was heißt vorübergehend? Nach vielen Jahren als Mutter und Hausfrau kann eine Frau oft gar nicht mehr einsteigen. Sie fällt aus dem „System Arbeit" heraus.

Frauen sind heute häufiger berufstätig als früher

Statistiker gehen davon aus, dass das erwerbsfähige Alter zwischen 15 und 64 Jahren liegt. Legt man diese Zahlen zugrunde, so liegt die Beschäftigungsquote der Frauen in Deutschland bei 59 Prozent. Das bedeutet, dass knappe zwei Drittel der erwerbsfähigen Frauen berufstätig sind. Mit diesem Wert nimmt Deutschland im Jahr 2004 innerhalb der EU lediglich eine Mittelstellung ein.

Aber Statistiken sind mit Vorsicht zu lesen. Diese Erwerbsfähigkeit der Bevölkerung ist eine rein rechnerische Größe: Die Jungen und die Alten sind in der heutigen Arbeitsgesellschaft bedroht von Arbeitslosigkeit, Frustration und Angst. So sagt das Wort „Beschäftigungsquote" überhaupt nichts darüber aus, wie viele Stunden eine Frau berufstätig ist, und auch nichts darüber, ob sie in der Lage ist, sich von diesen Einkünften zu ernähren. Die weibliche Bevölkerung ist stärker als die männliche von Unterhaltsleistungen Angehöriger abhängig: Jede siebte erwerbstätige Frau kann ihren überwiegenden Lebensunterhalt nicht aus ihrer Erwerbstätigkeit bestreiten! Diese Abhängigkeit stellt das Bundesamt für Statistik in seinem Bericht „Frauen in Deutschland – 2006" fest.

Frauen arbeiten (gern) Teilzeit

Trotz eines leichten Anstiegs bei den Vätern ist die Teilzeitbeschäftigung (3 Prozent) nach wie vor eine „Domäne der Frauen", speziell der (westdeutschen) Mütter. Ein etwas grotesker Begriff, ist doch Domäne umgangssprachlich definiert als das *vorherrschende, ureigene Wirkungsgebiet eines Menschen.* Die Frau schafft also nach den Worten des Bundesamts für Statistik auf ihrem ureigenen Gebiet – der Teilzeitarbeit.[50]

Insgesamt sind zwei von fünf erwerbstätigen Frauen teilzeitbeschäftigt. Das heißt, 42 (!) Prozent der abhängig erwerbstätigen Frauen, aber nur 6 Prozent der abhängig erwerbstätigen Männer waren im Jahr 2004 teilzeitbeschäftigt. Das muss man sich mal auf der Zunge zergehen lassen, relativiert es doch erheblich die Erwerbstätigenquote der Frauen von 59 Prozent, die im europäischen Durchschnitt ohnehin im unteren Bereich angesiedelt ist. Und in der Statistik zur Teilzeitbeschäftigung erscheint auch die Frau, die nur eine einzige Stunde außer Haus arbeitet. Welche Auswirkungen das auf ihre Sozialversicherung hat und wie es mit einer späteren eigenen Rente dieser Frauen aussieht, müssen wir uns angesichts dieser Zahlen gar nicht fragen.[51]

Die Frauenerwerbsquote ist also 2005 auf 59,6 Prozent gestiegen – doch gleichzeitig ist das Arbeitsvolumen der Frauen gesunken. Was heißt das? Das bedeutet, dass die Frauen insgesamt – absolut in Stunden gerechnet – weniger für das

Bruttosozialprodukt gearbeitet haben, denn Frauen arbeiten nur stundenweise oder (auch europaweit) eben dort, wo es weniger Geld gibt. Da tanzt Deutschland nicht aus der Reihe, denn auch in Gesamteuropa sind über ein Drittel (33 Prozent) der beschäftigten Frauen teilzeitbeschäftigt, aber nur 7,7 Prozent der Männer.[52]

Warum arbeiten Frauen Teilzeit? Tun sie es freiwillig, oder müssen sie zum Familienbudget, das der Mann immer noch hauptverantwortlich aufbringt, dazuverdienen? Die Zahlen belegen jedenfalls eins: Frauen bleiben, wenn sie Kinder haben, entweder zu Hause oder – wenn sie zurückgehen können in den Beruf, tappen in die „Teilzeitfalle".

Neustes Versorgungsrecht

Ab 1. Juli 2007 sagt das neue Unterhaltsgesetz: „Nach der Scheidung obliegt es jedem Ehegatten, für seinen Unterhalt selbst zu sorgen" … und weiter: „Dem geschiedenen Ehegatten obliegt es, eine angemessene Tätigkeit auszuüben" (demnächst als § 1574 BGB).

Das bedeutet für Frauen, die sich auf die Versorgung der Kinder als Hausfrau eingelassen haben, die auf Karriere verzichteten, dass sie im Falle einer Scheidung sehen können, wie sie mit ihren Kindern über die Runden kommen. Der Mann hat kontinuierlich seine Karriere weiterverfolgt, die Frau bleibt beruflich auf der Strecke, ist auf jeden Fall nicht so qualifiziert, wie sie es ohne Berufsunterbrechung gewesen wäre. Gleichwohl ist sie gezwungen, eine „angemessene" Tätigkeit auszuüben.

Fatal für Frauen, Freibrief für die Männer nach Anne Klein, Rechtsanwältin und ehemalige Berliner Familiensenatorin in EMMA 5-6/2007, S. 41: „Solange Männer erwarten, dass ihre Frau die Kinder versorgt und ihnen den Rücken für die Karriere freihält, müssen sie auch die wirtschaftliche Verantwortung dafür übernehmen."

Am Rande: Der Zank um die Kinderkrippenplätze

Bundesfamilienministerin Ursula von der Leyen will die Zahl der Betreuungsplätze für Kinder unter drei Jahren bis 2013 auf rund 750.000 verdreifachen. Dann könnten etwa 35 Prozent der Kinder in Kinderkrippen oder von Tagesmüttern betreut werden, derzeit sind es rund 12 Prozent. Die Zusatzkosten beziffert die Ministerin auf jährlich drei Milliarden Euro.

Auch in der Auseinandersetzung um die Kinderkrippenplätze treten die jeweiligen Ideologen in die erste Reihe. Kinderkrippenplätze – so der etwas eigenmächtige katholische Bischof Mixa – hielten Frauen möglicherweise davon ab, bei ihrer Familie zu bleiben und ihren Kindern in den ersten Jahren eine gute und treusorgende Mutter zu sein. Die Frauen wollen – so scheint der Bischof zu argwöhnen – lieber in die Disco gehen, Geld verdienen und sich schicke Sachen kaufen, und daher legen sie, wenn sie die Gelegenheit haben, ihre Kinder einfach in einer Krippe ab. Frauen würden staatlicherseits zu Gebärmaschinen degradiert, die ihre Kinder nach der Geburt in der Krippe abgäben, um dann zur Arbeit zu gehen und sich, so Frau Herman, selbst zu verwirklichen. Um diesen egoistischen Amoklauf der Mütter zu unterbinden, muss man sie schützen, indem man sie nicht in Versuchung führt. Kinderkrippenplätze sollten einfach nicht eingerichtet werden.

Manche CDU-Männer warfen der eigenen Ministerin vor – abgesehen davon, dass sie sozialdemokratische Politik mache –, sie unterlaufe das von den Christdemokraten getragene Familienkonzept: Vater im feindlichen Leben, Mutter waltet zu Hause und hütet Feuer und Kind. Aber dieses Modell kann heute – wie die Zahlen zeigen – niemand mehr entspannt leben.

Das Ergebnis nach langem Tauziehen: Bundesweit soll das Angebot an Krippenplätzen bis 2013 auf 750.000 erhöht werden. Der geplante Ausbau der Kleinkinderbetreuung wird mit einem Rechtsanspruch ab 2013 abgesichert. Bis dahin wird es für 35 Prozent der unter Dreijährigen ein Angebot geben.

Zugleich sollen Eltern, die ihre Kinder zu Hause erziehen, im Gegenzug ein „Betreuungsgeld“ erhalten. Über die Finanzierung wird immer noch gestritten.

8. Das Bildungsniveau steigt – Frauen kommen trotzdem nicht weiter

Junge Mädchen werden immer schlauer. In den Gymnasien stellen Mädchen mittlerweile mit 54 Prozent der SchülerInnen die Mehrheit. Während der Anteil der Mädchen an Hauptschulen und Realschulen in den letzten Jahren abgenommen hat, ist er vor allem an Integrierten Gesamtschulen gestiegen.[53]

Heute besitzen 21 Prozent der Frauen einen Realschul- oder gleichwertigen Abschluss, bei den Männern sind es nur 17 Prozent. Dagegen haben 19 Prozent der Frauen, aber immer noch 24 Prozent der Männer die Fachhochschul- oder Hochschulreife erworben. Noch sind die Frauen also ein wenig hinterher. Zwar ist der Anteil der Frauen mit Hochschul- oder Fachhochschulabschluss mit insgesamt 9 Prozent auch noch 2004 weit niedriger als derjenige der Männer (15 Prozent). Aber in der Altersgruppe der 25- bis 35-Jährigen haben bereits jeweils mehr als ein Drittel (35 Prozent) der Frauen und der Männer eine Fachhochschul- oder Hochschulreife. Die jüngeren Frauen haben also das gleiche Bildungsniveau wie die jungen Männer. Es verändert sich etwas in der jüngeren Generation.

Aber eigenartigerweise bleibt es dabei. Obwohl formal und rechtlich die Bedingungen für Frauen besser geworden sind, verhalten sich Frauen und Männer weitgehend wie eh und je: Frauen stehen nahezu alle Berufe offen, trotzdem agieren sie bei der Berufswahl noch überwiegend geschlechtsspezifisch: Wenn sich die Mädchen entscheiden, welchen Beruf sie wählen, dann gibt es eine eindeutig weibliche Hitliste, die seltsam konstant geblieben ist.

Berufswahl – alte Rollenbilder bleiben stabil

Junge Mädchen werden gern Bürokauffrau, Arzthelferin, Kauffrau im Einzelhandel, Zahnmedizinische Fachangestellte sowie Friseurin. Ein Drittel der weiblichen Auszubildenden entscheidet sich für diese Berufe. Mit einem Frauenanteil von jeweils mehr als 90 Prozent (!) im Jahr 2004 bleiben die Berufe Zahnmedizinische Fachangestellte, Arzthelferin, Fachverkäuferin im Nahrungsmittelhandwerk und Friseurin nahezu reine Frauenberufe.

Die Berufswahl der jungen Männer deckt das traditionell männliche Feld ab: Fast ein Viertel aller männlichen Auszubildenden erlernte im Jahr 2004 die Berufe Kraftfahrzeugmechatroniker, Industriemechaniker, Elektroniker für Energie- und Gebäudetechnik, Anlagenmechaniker für Sanitär-, Heizungs- und Klimatechnik sowie Kaufmann im Einzelhandel. Mit Ausnahme des Berufs des Kaufmanns/der Kauffrau im Einzelhandel sind die genannten Berufe weitgehend reine Männerberufe geblieben. Der Frauenanteil liegt hier unter 10 Prozent.

Frauen stürzen sich auf die Pflegeberufe – entspricht das ihrer weiblichen Natur? Von den 387 000 Schülerinnen und Schülern, die in diesen Berufen ausgebildet wurden, war die deutliche Mehrheit mit 71 Prozent Frauen. Aber sie bleiben in den nichtakademischen Gesundheitsdienstberufen, den Pflegeberufen und Assistenzberufen im medizinischen und kaufmännischen Bereich sowie den fremdsprachlichen Berufen und damit an der Basis der beruflichen Hierarchien. Das gleiche Bild der geschlechtsspezifischen Wahl findet sich in der beruflichen Fortbildung: Drei Viertel aller Schülerinnen der Fachschulen wurden in sozialen oder pflegerischen Berufen unterrichtet. Mehr als die Hälfte der Schüler wählte technische Berufe.

Universitäten – die geschlechtsspezifische Studienwahl

Fast die Hälfte (48 Prozent) der im Wintersemester 2004/2005 an den Hochschulen in Deutschland eingeschriebenen 2 Mio. StudentInnen waren Frauen. Das muss uns doch zu denken geben: Die Frauen haben die besten – emanzipiertesten – Ausgangsbedingungen. Die jungen Frauen sind auch in der Mehrheit, wenn es um die Abiturzahlen geht, also um die Eintrittskarte in die Universität: Denn bei den studienberechtigten Schulabgängerinnen und Schulabgängern mit Fachhochschul- oder Hochschulreife hatten im Jahr 2004 die Frauen mit einem Anteil von 53 Prozent die Nase vorn.

In der akademischen Laufbahn dagegen – also im sich anschließenden Berufsleben – sind sie in fast allen Bereichen in der Minderheit. Der Anteil an Frauen in den verschiedenen Bereichen der akademischen Ausbildung hat zwar in den vergangenen Jahren kontinuierlich zugenommen, aber sichtbar und deutlich wird das auf den ersten Blick nicht.

Wo sind sie geblieben?

Wo sind die vielen klugen und jungen Mädchen geblieben? Angeblich tummeln sie sich doch im Arbeitsleben, wollen nicht zu Hause sein, wollen keine Kinder!? Sind sie also doch zu Hause? Sind sie also doch nicht so schlau und gehen nur zur Schule, studieren dann möglicherweise – wollen aber nicht weiter? Sind sie in ihrer „Weiblichkeit" so gefangen?

Auch bei der Studienwahl – wie bei den Lehrberufen – bleibt die Geschlechterteilung bestehen: Der Anteil der Frauen in allen Stadien der akademischen Laufbahn ist in den letzten Jahren gestiegen, aber trotzdem existieren noch gravierende Unterschiede, vor allem im Bildungsverhalten zwischen den Geschlechtern. Diese zeigen sich ganz deutlich in der Studienfachwahl: Frauen werden Tierärztinnen (81 Prozent) und Sprach- und Kulturwissenschaftlerinnen (71 Prozent Frauenanteil), aber nur zu 21 Prozent Ingenieurinnen.[54] Es gibt ein regelrechtes „Geschlechterkreuz". Die im Folgenden genannten Fächer sind der Reihenfolge nach die Lieblingsfächer der Frauen, die unteren die der Männer, die Mitte des Kreuzes liegt bei Betriebswirtschaftslehre. Hier ist der Anteil von weiblichen zu männlichen StudienanfängerInnen in etwa gleich.

- ***Frauenfächer:*** Germanistik (von Frauen dominiert), Pädagogik, Sozialwesen, Anglistik, Biologie, Medizin, Rechtswissenschaft, Architektur, Mathematik
- Betriebswirtschaftslehre
- ***Männerfächer:*** Chemie, Politikwissenschaften, Volkswirtschaftslehre, Wirtschaftswissenschaften, Bauingenieurwesen, Physik, Wirtschaftsingenieurwesen, Informatik, Maschinenbau, Elektrotechnik (von Männern dominiert).

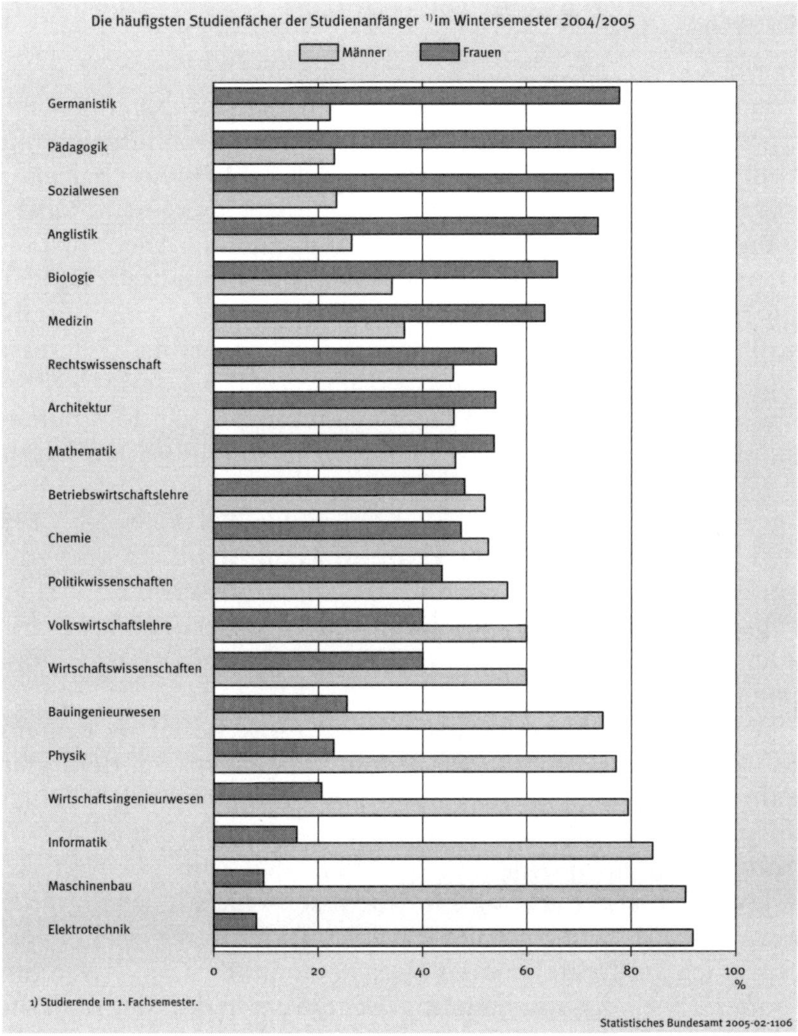
Die häufigsten Studienfächer der Studienanfänger 1) im Wintersemester 2004/2005
Männer
Frauen
Germanistik
Pädagogik
Sozialwesen
Anglistik
Biologie
Medizin
Rechtswissenschaft
Architektur
Mathematik
Betriebswirtschaftslehre
Chemie
Politikwissenschaften
Volkswirtschaftslehre
Wirtschaftswissenschaften
Bauingenieurwesen
Physik
Wirtschaftsingenieurwesen
Informatik
Maschinenbau
Elektrotechnik
0
20
40
60
80
100
%
1) Studierende im 1. Fachsemester.
Statistisches Bundesamt 2005-02-1106

Frauen machen gute Abschlüsse – aber dann?

Wenn wir die Abschlussprüfungen an den Hochschulen betrachten, so scheinen die Frauen in einer gleichberechtigten Welt zu leben. Denn im Jahr 2004 wurden 49 Prozent der über 231.000 erfolgreich abgelegten Abschlussprüfungen an Hochschulen in Deutschland von Frauen bestanden. Aber entsprechend der Vorlieben der Frauen bei der Studienwahl lag der höchste Frauenanteil mit 74 Prozent bei den Lehramtsabschlüssen, was den „LehrerInnenberuf" weiterhin als einen typischen Frauenberuf charakterisiert. Auch bei den Universitäts- oder entsprechenden Diplomabschlüssen lag der Frauenanteil bei 50 Prozent. Bei allen anderen Abschlussarten waren die Frauen in der Minderheit. Beim Fachhochschulabschluss lag er bei 44 Prozent, beim Masterabschluss bei 36 Prozent, bei den Promotionen bei 39 Prozent. Ganz deutlich wird der geringe Frauenanteil bei den Habilitationsverfahren. Hier liegt der Anteil der Frauen unter einem Viertel (23 Prozent), auch wenn er sich gegenüber 1992 (13 Prozent) fast verdoppelt hat.

Die Frauen verlassen die Karriereleiter, je höher sie steigen. Es scheint, als ob sich in jedem Stockwerk, in dem der Fahrstuhl hält, eine imaginäre Tür öffnet und die Frauen aussteigen. Die Männer bleiben mit ihren Aktentaschen stehen und fahren noch eine Etage höher. Selbst im „weiblichen" Treppenhaus „Sprach- und Kulturwissenschaften" scheren die Frauen vor dem obersten Stockwerk aus der Karriereleiter aus. Nur noch ein Drittel kommt oben an, beim Examen waren die Frauen aber noch mit mehr als zwei Drittel in der Mehrheit. In der Besetzung der Hochschullehrerschaft finden sich dann nur noch etwa 9 Prozent Professorinnen.

Oben wird die Luft für Frauen immer dünner!

Wo, in welchen Ebenen der beruflichen Hierarchie und in welchen Berufsfeldern arbeiten die Frauen? Schauen wir auf die Masse, so zeigen sich ganz deutliche Unterschiede zwischen Frauen und Männern, wenn wir uns ihre Position ansehen. Frauen arbeiten meist als Angestellte (65 Prozent), Männer nur zu 39 Prozent – Männer sind dagegen viel häufiger selbstständig (14 Prozent) als Frauen. Nur 7 Prozent der Frauen sind ihre eigenen Chefinnen.[55]

Ist es also immer noch der Mann, der aktiv die Dinge und sein Leben selbst in die Hand nimmt? Lässt sich die Frau lieber führen? Auf den ersten Blick sieht es so aus. Denn die formalen und rechtlichen Bedingungen sind gleich.

Vor allem unter den Führungskräften sind die Frauen rar. Im März 2004 arbeiteten in Deutschland lediglich 12 Prozent der abhängig beschäftigten Frauen als Führungskraft. Damit stellen sie nur knapp ein Drittel aller Führungskräfte in der Industrie, im Dienstleistungsbereich oder in der öffentlichen Verwaltung; mehr als zwei Drittel der Führungskräfte waren männlich. Warum ist das so, wenn es doch so viele „schlaue" Frauen gab, die bei den höher qualifizierten Schulabschlüssen und zu Beginn des Studiums noch in der Mehrheit waren?

Vielleicht scheint sich in der „nachwachsenden" Arbeitsgeneration, in der Altersgruppe der unter 30-Jährigen etwas zu verändern. Da ist erstmals zu vermelden(!), dass Frauen und Männer mit anteilig 7 Prozent – bezogen auf alle abhängig Erwerbstätigen in dieser Altersgruppe, die Angaben zu ihrer Stellung im Betrieb gemacht hatten – als Führungskräfte gleich stark vertreten sind.

Frauen sind zwar am Start des Berufslebens, in Schule und Ausbildung, wo die Basis gelegt wird, dabei, haben die Nase vorn und qualifizieren sich viel stärker als in den vergangenen Jahren. Im Berufsleben sind sie dann in der Mitte der Hierarchie bei den „mittleren“ Angestellten, dort, wo die Arbeit erledigt wird, stark präsent. Aber sie sind immer weniger an den „Schaltstellen“ zu finden, wo es, wie Männer gern sagen, „etwas zu bewegen gibt“, wo die Entscheidungen getroffen werden, wo bestimmt wird, was gemacht werden soll. Dort kommen Frauen nicht mehr an. Dort oben ist die Luft offensichtlich für Frauen zu dünn, wobei wir immer noch nicht wissen, ob sie diese Luft aus anatomischen, biologischen Gründen nicht vertragen oder ob es ihnen in der Höhenluft nicht gefällt. Sie scheinen freiwillig in den Niederungen zu bleiben, um ihre „typisch weiblichen“ Qualitäten dort einzusetzen: ihre Empathie, ihre soziale Kompetenz – all das, was Frauen angeblich die Natur mitgegeben haben soll (*siehe* 12. Sind Frauen von Natur aus anders?, S. 123).

Frauen arbeiten viel für wenig Geld

Es wird in der öffentlichen Diskussion nicht mehr in Frage gestellt: Frauen sind in Deutschland zu Beginn des 21. Jahrhunderts gleichberechtigt. Es wird vorausgesetzt, dass Frauen die Bedingungen zur vollständigen Selbstentfaltung ihrer Person haben, mit allem was dazugehört. Was aber gehört dazu?

Am 8. März, zum Weltfrauentag, schaffen es dann jedoch auch einmal solche Meldungen auf die erste Seite: „Die Koalition will gleichen Lohn für Frauen“. Und so erfahren wir, dass der durchschnittliche Bruttomonatsverdienst von Frauen in Deutschland immer noch 22 Prozent unter dem der Männer liegt.[56] Das ist in der Europäischen Union der negative Spitzenwert.

22 Prozent sind eine ganze Menge. Frauen haben doch alle die gleichen Chancen? Wählen Frauen also freiwillig diese schlechter bezahlten Jobs? Denn immerhin ist jede zweite erwerbstätige Frau in einem Büroberuf, im Gesundheitsdienst,

in einem Sozialberuf, im Verkauf oder als Reinigungskraft tätig – also da, wo Verdienst- und Aufstiegschancen vergleichsweise gering sind. Männer nutzen das Berufsspektrum viel breiter. Diese traditionelle Berufswahl verfestigt die Einkommenskluft.

Die StatistikerInnen erklären sich das niedrigere Einkommen der Frauen damit, dass sie ihre Berufstätigkeit häufiger unterbrechen, dadurch kürzere und weniger Berufserfahrung haben und deshalb auch nicht so oft in Führungspositionen vertreten sind.

Das niedrige Einkommen liegt selbstverständlich nicht daran, dass Frauen die schlechter bezahlten Jobs freiwillig „wählen“. Selbst wenn sie einen guten Job hat, verdient eine Frau weniger als ihr männlicher Kollege. Wenn eine Großhandelskauffrau ihren Kollegen fragt, der auf der gleichen Stelle sitzt, wird sie erfahren, dass sie 504,- Euro weniger als ihr männlicher Kollege erhält. Falls er es ihr sagt, denn in den Unternehmen gilt: Keine Gespräche über die Höhe des Gehalts! Viele halten sich daran, weil der Status mit dem Gehalt wächst. Als Frau gebe ich dann im unmittelbaren Gespräch mit meinem Kollegen möglicherweise auch nicht zu, dass ich weniger bekomme. Irgendwie schreibe ich es mir selbst zu, dass ich schlechter bezahlt werde. Die Kluft wird bei Bankkaufleuten mit 716,- Euro noch größer. Die Schere hat sich in den letzten Jahren sogar noch weiter geöffnet. Damit hat eigentlich keiner gerechnet. Wir sind doch auf dem Weg in eine Gesellschaft, in der die Frauen emanzipiert sind!

9.
Die Rede von der gleichberechtigten Frau

Der Weg zur formalen Gleichberechtigung der Frauen

Es steht außer Frage: Die Frauen in Deutschland heute sind *gleichberechtigt*: Frauen und Männer haben die *gleichen Rechte*. Frauen verstehen sich selbst als emanzipiert, und sie sollen auch emanzipiert sein. Emanzipiert zu sein wird als Anspruch von außen an die Frauen herangetragen. Der emanzipierten Frau von heute werden die gleichen Chancen und Möglichkeiten zugesprochen, sie soll unabhängig sein und ihr eigenes Geld verdienen, sie darf Kinder bekommen, wann und mit wem sie will, sie darf selbstbewusst und aktiv sein und sich gleichwohl „weiblich" geben. Ein großartiger Zustand, sind wir geneigt zu sagen.

Ein kurzer Blick zurück: Was will das Wort Emanzipation eigentlich sagen? Was bedeutet es ursprünglich?

Emanzipation

stammt vom lateinischen Wort *emancipare* und bedeutete, einen Sklaven in die Eigenständigkeit zu entlassen.

Im 17./18. Jahrhundert, als sich das Bürgertum gegen die alte feudale Gesellschaft zur Wehr setzte, erhält das Wort einen anderen Bedeutungsakzent: Es geht nicht mehr um die *Gewährung* der Selbstständigkeit und Gleichberechtigung, sondern um politische *Selbst*befreiung: Es geht um Freiheit und Gleichheit des Bürgertums.

Die ***Französische Revolution*** von 1789 spricht von *Freiheit, Gleichheit und Brüderlichkeit,* wie es heute noch in der Hymne gesungen wird und war ganz selbstverständlich ohne Frauen gemeint. Olympe de Gouges (1748-1793), die diese Rechte auch für Frauen fordert, lässt ihr Leben auf der Guillotine.

Mit der ***Industriellen Revolution*** im 19. Jahrhundert, in deren Zuge es zu großen demographischen Veränderungen kommt und immer mehr Frauen für die industrielle Arbeit der Fabriken benötigt werden, kommt es zur ***ersten Frauenbewegung***. Dabei geht es vor allem um den Schutz der Arbeiterinnen und Kinder und um politische Forderungen nach Versammlungsfreiheit.

Schon in der damaligen Zeit erheben sich zwei widerstreitende Interessen: Auf der einen Seite wird um Schutz der Arbeiterinnen gegen die übermächtige Ausbeutung aufgrund ihres Frauseins gekämpft (Sozialisten), auf der anderen Seite fordern bürgerliche Frauen die Freiheit von der Bevormundung durch die Männer und vor allem das Recht auf Arbeit. Mit dem Bürgerlichen Gesetzbuch, das am 1. Januar 1900 in Kraft trat, erleidet diese Bewegung einen schweren Rückschlag: Die Vormundschaft des Ehemannes über die Frau wird erneut gesetzlich festgelegt.

- Der Ehemann ist im Besitz des „Bestimmungsrechtes“, womit er bei Unstimmigkeiten zwischen den Ehepartnern die letzte Entscheidung treffen kann.
- Die „Hausfrauenehe“ ist gesetzlich festgelegt. Danach obliegt der Frau die Leitung des Hauswesens.
- Die Frau erlangt zwar das Recht, einen Arbeitsvertrag abzuschließen, doch dieser ist an die Zustimmung des Ehemannes gebunden. Er kann diesen Vertrag (ohne Einhaltung einer Kündigungsfrist) kündigen.
- Im normalen gesetzlichen Zustand der Gütergemeinschaft verfügt der Ehemann über das Verwaltungs- und Nutznießungsrecht am gesamten Vermögen der Frau, wenn nicht Gütertrennung vor der Eheschließung vertraglich vereinbart worden ist.
- Im Falle der Scheidung und Wiederverheiratung der Frau behält der Vater die Rechte über die Kinder, auch die Nutznießung ihres Vermögens.[57]

Erst nach dem Ersten Weltkrieg ***1918*** und mit der Verfassung der Weimarer Republik wird in Deutschland den Frauen das ***Wahlrecht*** eingeräumt: der erste Schritt zur politischen Gleichberechtigung.

1949 wird im ***Grundgesetz der Bundesrepublik Deutschland*** nach großem anfänglichen Widerstand durch das Engagement von Elisabeth Selbert in Artikel 3, Absatz 2 der ***Gleichheitsgrundsatz*** formuliert: „Männer und Frauen sind gleichberechtigt“ – schnörkellos und ohne Wenn und Aber.[58]

Die ***Umsetzung dieses Gleichheitsgrundsatzes*** des Grundgesetzes erforderte Änderungen vor allem im Familien- und Eherecht, das im Bürgerlichen Gesetzbuch festgeschrieben war. Dieser Prozess war zäh und langwierig und wurde erst ***1976 mit der Änderung des BGB,*** des Bürgerlichen Gesetzbuches, begonnen (erste Ansätze gab es 1953).

1976 – endlich mehr Rechte für Frauen

- § 1356. Die Ehegatten regeln die *Haushaltsführung in gegenseitigem Einvernehmen.* Ist die Haushaltsführung einem der Ehegatten überlassen, so leitet dieser den Haushalt in eigener Verantwortung. *Beide Ehegatten sind berechtigt, erwerbstätig zu sein.* Bei der Wahl und Ausübung einer Erwerbstätigkeit haben sie auf die Belange des anderen Ehegatten und der Familie die gebotene Rücksicht zu nehmen.
- § 1360. Die Ehegatten sind einander verpflichtet, durch ihre Arbeit und mit ihrem Vermögen die Familie angemessen zu unterhalten. Ist einem Ehegatten die Haushaltsführung überlassen, so erfüllt er seine Verpflichtung [...] in der Regel durch die Führung des Haushaltes.

1994 wird der Artikel 3 Absatz 2 unseres Grundgesetzes um die Verpflichtung des Staates erweitert, die ***tatsächliche Gleichstellung zu fördern*** und Benachteiligungen aufgrund des Geschlechts zu beseitigen. Es geht also darum, dass der Staat nicht nur gleiche gesetzliche Ausgangsbedingungen für Frauen und Männer schafft, sondern der Staat soll die ehedem rechtlich benachteiligten Frauen darüber hinaus gezielt fördern, sodass sie ihre formalen Rechte wirklich wahrnehmen und ihre Chancen auch ergreifen.

Die DDR-Verfassung setzte 1949 das alte BGB außer Kraft, und an dessen Stelle traten die Regelungen durch das Familiengesetzbuch (1966), das Arbeitsgesetzbuch (1961), das Zivilgesetzbuch und das Vertragsgesetz.

Die Frauen in Europa sind also noch gar nicht so lange Zeit emanzipiert im Sinne des Wortes „in die Freiheit entlassen“. Sie sind noch nicht lange Zeit formal gleichberechtigt. Der Weg der politischen und rechtlichen Gleichheit von Frauen und Männern wird noch nicht lange begangen und ist noch nicht sehr ausgetreten. Keine 90 Jahre gibt es das Frauenwahlrecht in Deutschland (in der Schweiz erst seit 1971 und in Liechtenstein, dem Land der Reichen und Schönen, erst seit 1984!). 60 Jahre alt ist der Gleichheitsgrundsatz des Grundgesetzes, aber erst 31 Jahre jung sind die bürgerlichen Freiheitsrechte für Frauen von 1976!

Trotzdem scheinen uns diese Rechte heute so selbstverständlich, dass die Argumentationen, die einst gegen diese „Selbstverständlichkeiten" angeführt wurden, steinzeitlich und abstrus anmuten.

Heute scheinen diese Zeiten vorbei zu sein. Frauen können alles machen, was Männer auch tun, so steht es in den Gesetzen. Frauen dürfen alles, was sie wollen. Darüber wachen in fast jeder Stadt Gleichstellungsbeauftragte.

Frauen dürfen alles!

Selbst Fußball spielen. Fast haben wir vergessen, dass dieser Sport bis 1970 für Frauen in Deutschland untersagt war.[59] 1955 war Frauen der Fußball verboten worden mit der Begründung:

- „... diese Kampfsportart [ist] der Natur des Weibes wesentlich fremd" und
- ihr „Körper und Seele erleiden unweigerlich Schaden".

Wer um Gleichstellung kämpft, hat für andere Dinge nicht viel Zeit

Weshalb sie nicht so „sexy" waren!

In der neuen Diskussion darum, ob wir in Deutschland wieder einen neuen Feminismus brauchen, werden viele Stimmen laut, die sich mit der so genannten „alten" Frauenbewegung der 1970er Jahre beschäftigen und den damals aktiven Frauen vorwerfen: Sie hatten keinen Humor. Sie waren hässlich, machten sich nicht schick, trugen keinen BH und rasierten sich nicht die Beine, geschweige denn die Achselhaare. All diese Negativcharakterisierungen fallen uns heute angesichts der uns selbstverständlich gewordenen Flut der „sexy" Bilder entblößter Frauen besonders auf. Schön zu sein – was ist das genau? Einem Schönheitsbild zu entsprechen, das einer angeblich natürlichen „Weiblichkeit" entsprach, wurde damals von vielen Frauen, jedoch nicht allen, abgelehnt, um sich nicht einem fremden Diktat unterzuordnen.

Wenn Frauen, wie es noch vor knapp 30 Jahren war, noch nicht einmal arbeiten durften, ohne ihren Gatten um Erlaubnis zu bitten, dann ist das nur schwer mit Humor zu tragen. Da blieb der engagierten Frau keine Energie für die Pflege eigener Schönheit und Selbstpräsentation!

Meine Mutter hatte Humor

Sie machte 1974 mit 51 Jahren an der Universität Osnabrück eine so genannte Immaturenprüfung, eine Aufnahmeprüfung ohne klassisches Abitur. Zulassungsvoraussetzung für die Prüfung war der Nachweis über eine abgeschlossene Berufsausbildung und mehrjährige Berufspraxis oder der Nachweis einer mehr als fünfjährigen Hausfrauentätigkeit. Den Nachweis formulierte mein Vater als „Haushaltsvorstand" und bestätigte meiner Mutter, dass die ihm angetraute Gattin ihm über 20 Jahre eine treue Gefährtin gewesen sei und die Aufzucht zweier Kinder ohne größere Beanstandung versehen habe. Der Angestellte der Universität allerdings konnte das nicht komisch finden und verweigerte die Annahme des Schreibens, da er mutmaßte, das Land Niedersachsen würde sich auf den Arm genommen fühlen.

Das Lachen konnte Frauen damals vergehen. Aber leider reicht das historische Gedächtnis nicht länger als fünf Jahre, so ein Sozialforscher (viele PolitikerInnen machen sich das zunutze!). Wie sollen wir uns da 30 Jahre überhaupt vorstellen! Mit ein wenig Phantasie könnten sich intelligente Frauen jedoch in die Lage der Generation ihrer Mütter versetzen, die viel für sie erstritten haben. Wir müssen uns nur ausmalen, wie es aussähe, wenn sich die immer noch lebendigen Klischees und Geschlechtsstereotype, die in den Köpfen, vor allem vieler Männer, schwirren, allgemeingültiges Gesetz statt persönliche Beschränktheit wäre. Wie würden wir uns heute fühlen, gäbe es die rechtlichen Schranken von damals? Vielen würde es die Sprache verschlagen.

10. Warum machen Frauen nicht all das, was sie dürfen und können?

Frauen und Männer stellen sich heute eine ganz gewichtige Frage, die auch hinter der aktuellen Debatte um Weiblichkeit und Mutterschaft steht: Warum sind die Frauen nicht in gleicher Weise an den öffentlichen, politischen und arbeitsrelevanten Prozessen beteiligt, wenn sie es doch könnten? Warum schrecken Frauen davor zurück, die Angebote, die ihnen offensichtlich zur Verfügung stehen, anzunehmen? Sie gehen, wie wir sehen, in die Schule, niemand verbietet ihnen zu studieren, sie können jeden Beruf wählen, den sie wollen. Sie dürfen, wenn es ihnen beliebt, jede Position in Wirtschaft und Politik einnehmen, sie werden mit Quoten gefördert. Sämtliche Berufe, die lange Zeit nur Männern vorbehalten waren und aus denen Frauen mit biologistischen Argumenten wie „Die Frau ist zu schwach für die Polizei, das Militär ist zu aggressiv für die sanfte Frau" ausgeschlossen wurden, stehen ihnen offen, selbst traditionelle „Männerbünde" wie die Freiwillige Feuerwehr oder das Technische Hilfswerk haben ihre Pforten längst für Frauen geöffnet und im Fernsehen werden ihre Boxkämpfe übertragen. Was also ist los? Wo sind die Frauen? Warum begnügen sich die Frauen – in der Mehrzahl –

mit den „hinteren Rängen"? Gitta Mühlen Achs, Psychologin, die zum Thema Geschlecht und Körpersprache arbeitet, konstatiert:

> *„Tatsächlich aber tritt die geringe gesellschaftliche Durchschlagskraft der politischen Gleichstellungsbeschlüsse und -bemühungen immer unübersehbarer in Erscheinung. Keine der bislang eingeleiteten Maßnahmen konnte die traditionelle Machtpyramide der Geschlechter – Männer oben, Frauen unten – ernsthaft erschüttern oder gar zum Einsturz bringen. Sie bestimmt weiterhin unverändert das Verhältnis der Geschlechter im öffentlichen wie im privaten Bereich."*[60]

Es gibt dafür verschiedene Erklärungsmodelle:

- Es gibt eine „gläserne Decke". Die gesellschaftlichen Strukturen und Normen sind so stark, dass Frauen sie nach oben nicht durchstoßen können.
- Mädchen und Frauen sind anders, weil sie anders erzogen und sozialisiert wurden und ein anderes Rollenverhalten entwickeln.
- Mädchen und Frauen sind anders, weil sie von ihrer Natur her anders sind.

Gibt es eine „gläserne Decke"?

Mit dem Begriff „gläserne Decke" (engl. *glass ceiling*) wird versucht, das Phänomen zu beschreiben, dass gut ausgebildete Frauen irgendwo auf dem Weg in die Entscheidungsetagen des Managements von Unternehmen und Organisationen hängen bleiben. Vor allem der Weg vom mittleren Management in die Führungsetage scheint Frauen versperrt. Es kommen nur sehr wenige oben an, obwohl sie die gleichen Leistungen zeigen wie die Männer, die diese Sphären weiterhin dominieren. Geprägt wurde der Begriff in den 1980er Jahren in den USA, und seit dieser Zeit wird in zahlreichen Studien den möglichen Ursachen nachgegangen.

Die Barriere, die Frauen abhält, ist unsichtbar, aber doch sehr widerständig und stabil, deshalb das Wort „gläsern". Frauen können häufig selbst keinen konkreten Grund benennen, warum ihnen der nächste Schritt auf der Karriereleiter misslingt oder verwehrt bleibt. Zu beobachten ist lediglich, dass männliche Kollegen auf dem Weg nach oben erfolgreicher sind, ohne immer bessere Leistungen oder mehr Engagement zu zeigen. Es wird nicht sichtbar, was genau Frauen abhält, denn nach dem Gesetz haben Frauen die gleichen Rechte und von staatlicher Seite wird auf die Gleichbehandlung der Geschlechter geachtet.

Einen Tatbestand festzustellen heißt nicht, auch erklären zu können, welche Ursachen ihm zugrunde liegen (*siehe* Oben wird die Luft für Frauen immer dünner!, S. 95). Es sind in den letzen 25 Jahren zahlreiche Untersuchungen zu dieser Frage gemacht und unterschiedliche Erklärungen versucht worden:

- Einer der Gründe für die „gläserne Decke" ist die stärkere Förderung männlicher Mitarbeiter durch männliche Vorgesetzte.
- Frauen werden aus wichtigen beruflichen Netzwerken, die informelle Kontakte vermitteln und häufig für das Fortkommen erheblich sind, ausgeschlossen.
- Personalverantwortliche gehen häufig davon aus, ohne sich über die Richtigkeit ihrer Annahme zu vergewissern, dass Frauen irgendwann einmal eine „Pause" einlegen, weil sie ein Kind bekommen.
- Strukturelle Mängel, wie die Tatsache, dass es nicht ausreichend Krippenplätze gibt, die die Betreuung der Kinder berufstätiger Mütter sicherstellen, verhindern, dass Frauen ihre Karriere konsequent verfolgen können.

Die Karrierehemmnisse der „gläsernen Decke" sind subtil, aber mächtig. Die Sorge der Personalverantwortlichen in den Unternehmen, dass Frauen nicht so produktiv seien und häufiger pausieren würden (dies führt zu einer angeblich höheren Fluktuationsrate), konnte – so die Soziologin Christiane Funken[61] – jedoch durch zahlreiche Studien widerlegt werden.[62] Hinter diesen unausgesprochenen Ausschlusskriterien stecken stereotype Vorstellungen, Annahmen, die den Fakten nicht entsprechen. Denn Führungsfrauen müssen eine besonders hohe Produktivität unter Beweis stellen, um überhaupt ins mittlere Management zu gelangen. Und in Sachen Führungseffizienz, Mitarbeiterorientierung, Spezialkenntnisse, Sprachkenntnisse oder Zufriedenheit ihrer MitarbeiterInnen unterscheiden sich weibliche und männliche Führungskräfte nicht. Die wenigen Frauen, die es in die Führungspositionen geschafft haben, haben dann allerdings weniger Kinder als Männer in vergleichbaren Positionen. Sie erhalten weniger Geld und führen übrigens auch weniger MitarbeiterInnen.

Ein interessanter Aspekt, den viele Frauen aus eigener Erfahrung bestätigen können. Der ehemalige Geschäftsführer des Verlages, in dem ich bis vor sieben Jahren tätig war, saß abends immer lange an seinem Schreibtisch, bis alle anderen gegangen waren, und las fleißig sämtliche Zeitschriften, um mit Leuchtstift die seiner Ansicht nach wichtigen Artikel für die Mitarbeiterinnen zu markieren. Frauen haben häufig nicht die Zeit und keinen Mann im Hintergrund, der sie „freisperrt", um so viel Zeit zu vergeuden.

Offensichtlich – so zeigen empirische Studien – wird bei Besetzungsprozessen sehr viel weniger nach rationalen Kriterien entschieden denn nach Klischees. Diese vereinfachten Vorstellungen von der Wirklichkeit sind stabil und lassen sich offenbar durch keine noch so differenzierte Untersuchung und den Beweis des Gegenteils aus der Welt schaffen. So ist eine wichtige Voraussetzung für die Besetzung z. B. von Spitzenpositionen vor allem die „richtige Chemie" und das „Bauch-

Anwesenheitsmythos

Wie sieht die tatsächliche Produktivität in der Arbeitszeit aus? In den Unternehmen herrscht eine Art Mythos: Wer viel da ist, schafft auch viel! Viele Männer sehen sich also veranlasst, auch noch nach Feierabend am Schreibtisch zu verharren. Oft nutzen sie diese Zeit jedoch, um persönliche Dinge zu erledigen oder im Internet zu surfen. CEOs (das sind die Manager) oder Vorstände haben zudem häufig politische oder andere Posten, die ihre verfügbare Zeit beanspruchen und – wenn überhaupt – nur mittelbar den Unternehmenszielen dienen. Und – so Christiane Funken – nicht zuletzt belegen Studien zur Teilzeitarbeit bzw. das so genannte Paretoprinzip nämlich, dass z. B. 80 Prozent einer Aufgabe häufig mit 20 Prozent des Aufwandes erreicht werden können bzw. dass Teilzeitarbeitende meist die gleiche Menge Arbeit erledigen wie Vollzeitarbeitende.

gefühl". Ein gutes Bauchgefühl hat man aber nur, „wenn Verhalten und Einstellungen der Kandidaten mit denen der Entscheider übereinstimmen". Im Grunde sucht man also seinesgleichen.

„Auch weibliche Führungskräfte neigen bei der Rekrutierung ihrer Assistenten oder Nachfolger dazu, Mitarbeiter auszuwählen, die ihnen in ihrer Art vertraut sind: Und dies sind ebenfalls Männer! Dies mag auf den ersten Blick erstaunen. Aber Frauen sind auf ihrem Weg zur Führungskraft hauptsächlich den Umgang mit Männern gewohnt, d. h. sie können die männlichen Kollegen erfahrungsgemäß besser einschätzen als weibliche."[63]

Besonders nachteilig für Frauen ist allerdings, dass sie nicht in den „Netzwerken" sind, die eigentlich die Unternehmensprozesse steuern. Frauen neigen dazu sachorientiert zu arbeiten, Männer dagegen verknüpfen ihre Unternehmenskommunikation an ein kleines Gespräch unter vier Augen nach Feierabend beim Bier, beim Wein oder, wie bei VW, auch im Bordell – so werden Information und Person verknüpft.

Frauen sind in diesen nicht offiziellen informellen Netzwerken nicht vertreten. Ob sie es nicht wollen oder ob ihnen der Zugang verwehrt bleibt, ist nicht eindeutig zu beantworten. Frauen sind – so eine Erklärungsmöglichkeit – nicht in diesen Netzwerken, weil sie „anders" sind. Denn zu einem Netzwerk zu gehören setzt gemeinsame Erfahrungen, Regeln und Interpretationen dieser Regeln voraus – und das heißt vor allem gegenseitiges Vertrauen. Vertrauen bringen Menschen dem Vertrauten entgegen. Das auffällig „andere" fällt heraus, wird ausgeschlossen: Das sind die Frauen.

Das Modell der „gläsernen Decke" ist im Grunde jedoch nur eine Beschreibung eines Ist-Zustands, denn es erklärt nur in Ansätzen, warum diese Decke so stabil ist. Außerdem beschäftigen sich entsprechende Untersuchungen zum Thema mit den Frauen, die zur Elite gehören. Aber was ist mit der Mehrheit der Frauen?

11.
Von „gemachten“ Frauen und Männern

Frauen sind anders, weil sie anders erzogen und sozialisiert wurden

Es ist eine Binsenweisheit, dass wir Menschen nicht völlig frei sind, denn wir leben in einer Gemeinschaft, die Regeln des Zusammenlebens hat. Diese Regeln sind zum Teil explizit formuliert – in Staatsverfassungen und Gesetzen, in Verordnungen und Regeln bis hin zur Straßenverkehrsordnung. Viele der Normen und Regeln, die unser Zusammenleben ordnen, sind jedoch nirgendwo direkt formuliert und ausdrücklich festgelegt. Es sind Normen, die im Hintergrund wirken und von allen „akzeptiert“ scheinen und das Verhalten der Menschen unsichtbar steuern.

Frauen stehen – ebenso wie auch Männer – unter diesem „normativen Druck kulturell vorgegebener Ideale“.[64] Damit beschäftigt sich Gitta Mühlen Achs in einem interessanten Buch, das weibliche und männliche Körpersprache in den Mittelpunkt stellt. Besonders auf dieser körpersprachlichen Ebene zeigen sich typisch „weibliche“ und typisch „männliche“ Signale.

Das was Mühlen Achs „den normativen Druck“ eines kulturellen Ideals nennt, sind die in uns Menschen wirkenden Normen, die wir verinnerlicht haben, ohne dass wir uns ihrer bewusst sind und die dazu führen, dass wir ein bestimmtes Verhalten für gut befinden und ein anderes als schlecht oder unpassend ansehen. Dabei kann aber niemand genau sagen, wer und was denn eigentlich diesen „gesetzgebenden“ Druck aufbaut, denn – und darüber stolpern wir ja immer wieder – die bundesdeutschen Gesetze sind in Richtung Gleichberechtigung geändert worden.

Bei vielen modernen Politikerinnen und Politikern war also dieses Weiblichkeitsideal nicht – jedenfalls nicht so – beharrungsintensiv, wie wir „alten Machos“ (gern) unterstellen möchten. Daher neigen wir dazu, „die Struktur“ verantwortlich zu machen, oder formulieren die Sätze im Passiv, da wir das verantwortliche Subjekt nur schwer ausmachen können.

Wie in „Innere Bilder von uns selbst“, S. 56, angerissen wurde, tragen wir alle ein Vorstellungsrepertoire mit uns herum, das in uns das Bild unserer Identität als Frau oder als Mann abbildet. Diese Idealvorstellung ist ein Konglomerat aus gemeinsamen, gesellschaftlich geteilten, immer wieder aktualisierten Vorstellungen von „Weiblichkeit“ und „Männlichkeit“ und unseren individuellen Bildern und Handlungsmustern, die wir in unserer ganz individuellen Biographie entwickelt haben.

Ist Macht unweiblich?

Das weibliche Selbstwertgefühl, so meinen viele Autorinnen, scheint sich aus ganz anderen Dingen zu speisen als dem äußeren Erfolg und dem Aufstieg in die Schaltstellen der Macht. Frauen seien von ihrer gewachsenen seelischen Struktur so, dass sie gar nicht so sein wollen wie Männer. Das Gros der Frauen scheut offensichtlich die Macht und den Einfluss.

Geschlechterrollen von Frauen und Männern. Mit dem Begriff „Rollen" umschreiben wir heute auch in unserer Alltagssprache, dass dieses Verhalten erlernt ist und nicht naturgegeben.

Der Gegenbegriff im Englischen lautet *sex*. Damit ist das biologische Geschlecht eines Lebewesens gemeint, das in erster Linie durch die körperlichen Geschlechtsmerkmale (in Anatomie, Morphologie, Physiologie und Hormonhaushalt) gekennzeichnet ist. So wird mit dem Begriff *sex* (vom Wort her) deutlich gemacht, ob es sich bei einem Lebewesen um ein weibliches oder ein männliches Wesen handelt. Über das Verhalten dieses Lebewesens ist, oder besser gesagt sollte, damit erst einmal nichts gesagt sein.

Die deutsche Sprache kennt diese Unterscheidung nicht. Wenn wir von *Geschlecht* sprechen, meinen wir all das, wofür es im Englischen zwei unterschiedliche Begriffe gibt: das Biologische und das Soziale und Psychologische. (Wenn wir im Deutschen von *Sex* sprechen, meinen wir meist die sexuelle Tätigkeit: Wir haben „tollen" Sex – oder auch nicht so tollen!)

In der deutschen Sprache – vor allen Dingen in der akademischen und der politischen Diskussion – werden deshalb diese beiden englischen Begriffe benutzt, um die unterschiedlichen Bedeutungen, die hinter dem deutschen Begriff „Geschlecht" stehen – SpachwissenschaftlerInnen nennen dies den semantischen Unterschied –, deutlich zu machen. Mittlerweile ist dieser Begriff an den politischen Schaltstellen so selbstverständlich geworden, dass sich kaum noch jemand Gedanken darüber macht, dass kein normaler Mensch mit dieser Begrifflichkeit so souverän umgehen kann, wie dies einige PolitikerInnen tun.

Durch die Benutzung dieses Begriffpaars wurde in der Wissenschaft – vor allem in den Kulturwissenschaften – der Blick noch stärker darauf gelenkt, dass es Unterschiede zwischen Frauen und Männern gibt, die nicht so „natürlich" und biologisch vorbestimmt sind wie seit Jahrhunderten angenommen. Die Forschung begann zu mutmaßen, dass das, was an männlichem und weiblichem Verhalten zu beobachten war, weniger mit dem natürlichen Geschlecht (*sex*) als dem kulturellen Geschlecht (*gender*) zu tun habe. Diese Unterscheidung im Begriff machte deutlicher, wovon gesprochen wurde: vom biologischen Geschlecht – oder vom erlernten Verhalten „weiblich“. Allmählich vermochte in unser Alltagswissen einzusickern, dass all das, was wir am Verhalten eines Menschen als „weiblich“ kennzeichnen, vielleicht von der Natur gar nicht so gedacht war, sondern ganz andere Wurzeln hat.

Die englische Begrifflichkeit wurde von der feministischen Theorie aufgegriffen, um damit deutlich zu machen, dass Weiblichkeit und Männlichkeit „sozial konstruiert“ sind, also nicht natürlich. In der wissenschaftlichen Diskussion – und die feministische Diskussion war lange Zeit eine akademische – nennt man diesen Prozess soziale „Konstruktion“. Das Geschlecht wird gemacht, es ist nicht einfach gegeben.[66]

Simone de Beauvoir (1908-1986)

ist die bedeutendste feministische Theoretikerin des 20. Jahrhunderts. Sie schrieb 1949 das berühmte Buch „Das andere Geschlecht. Sitte und Sexus der Frau“. Darin führt de Beauvoir aus, dass Frauen nicht als Frauen geboren, sondern dazu gemacht werden. Sie stellte die These auf, dass Frauen nicht von Natur sind, wie sie sind, sondern dass sich das, was in Abgrenzung zum Männlichen in ihrer Person und ihrem Verhalten definiert und vorzufinden ist, sozial und biographisch erworben sei. Sie zeigt, dass das Normsetzende das Männliche ist und die Frau dem Mann als das Andere gegenübergestellt wurde.

„Jedenfalls ist sie nichts anderes, als was der Mann befindet; so spricht man auch von ihr als vom ‚anderen Geschlecht', worin sich ausdrückt, dass sie dem Mann in erster Linie als Sexualwesen erscheint: da sie es für ihn ist, ist sie es ein für allemal. Sie wird bestimmt und unterschieden mit Bezug auf den Mann, dieser aber nicht mit Bezug auf sie; sie ist das Unwesentliche angesichts des Wesentlichen. Er ist das Subjekt, er ist das Absolute: sie ist das Andere." (de Beauvoir, 1951, S.11).
Die Teilung der Geschlechter sieht de Beauvoir grundsätzlich als etwas biologisch Gegebenes, aber dieser natürliche, biologische Unterschied allein verursacht noch nicht die Hierarchie der Geschlechter und die untergeordnete Stellung der Frau. Im Gegensatz zum Tier tritt beim Menschen neben die biologischen Voraussetzungen eine historische, eine soziale Wirklichkeit. De Beauvoir begriff die Unterschiede zwischen den Geschlechtern und die Unterdrückung und Diskriminierung von Frauen als Ergebnis der Geschichte und der Sozialisation. Diese konnten damit als grundsätzlich veränderbar aufgefasst werden.

In Deutschland erschien 1975 das heute berühmte Buch von Alice Schwarzer „Der ‚kleine Unterschied' und seine großen Folgen", das sie zur führenden deutschen Feministin machte. Auch Alice Schwarzer geht von einer grundsätzlichen Gleichheit der Geschlechter aus und erklärt in ihrem kämpferischen Buch die Unterschiede zwischen Männern und Frauen als Folge der gesellschaftlichen Machtstrukturen und Sozialisation der Menschen. „Die Gebärfähigkeit ist auch der einzige Unterschied, der zwischen Mann und Frau bleibt."[67]

Aber selbst wenn man davon ausginge, dass es wesentliche Unterschiede zwischen Frauen und Männern gibt – seien sie nun biologischer Natur oder sozial konstruiert –, so wäre das allein noch keine Bedingung dafür, dass diese Unterschiede gewertet werden – in das bessere und das schlechtere, das klügere und das dümmere Geschlecht (=Hierarchisierung).

Durch die inneren Bilder und die geschlechtlichen Rollenkonserven reproduzieren Menschen immer wieder von Neuem ihre verinnerlichten „Programme“ von Frau und Mann. So entsteht durch die Interaktion fortgesetzt das gewünschte männliche oder weibliche „Geschlecht“; es bewahrheitet sich ein Bild, das verlangt wird. Wir erfüllen im Grunde einen – auch durch das Gegenüber – an uns herangetragenen Anspruch: Die beharrliche Annahme der Öffentlichkeit, aufgrund natürlicher Unterschiede zwischen Mann und Frau wäre es unumgänglich, dass diese sich auch „wie Frauen“ und „wie Männer“ verhalten, ist die Grundlage für deren Eintreten.

Geschlechterverhalten – self-fulfilling prophecy?

Bei wissenschaftlichen Untersuchungen stellte sich heraus, dass Männer und Frauen – wenn ihnen gesagt wurde, dass es um die Erforschung von geschlechtsspezifischem Verhalten ginge – genau das „erwartete“ geschlechtsspezifische Verhalten und entsprechende Kompetenzen zeigten. Sagten die Forscher es ihnen nicht, waren die Ergebnisse andere. *Manfred Hausmann, Ruhr-Universität Bochum (WDR, Leonardo, 6. Juni 2007)*

Heute ist die wissenschaftliche Diskussion um *sex* und *gender* noch einen Schritt weiter gegangen. Manche TheoretikerInnen stellen die Behauptung auf, dass auch das biologische Geschlecht, das, was *sex* ist, gemacht werde. Die extremste Position ist: Es gibt kein Geschlecht – jedenfalls nicht eindeutig. Anfang der 1990er Jahre erschien ein Buch, das die Diskussion bis heute prägt. Judith Butler (Professorin für Rhetorik, Komparatistik und Gender Studies in Berkeley, Kalifornien) äußerte ihren Unmut darüber, dass die Trennung in *sex* und *gender* nicht davor schütze, biologistische Unterscheidungen zu treffen. Durch diese Trennung werde sogar etwas als naturgegeben zementiert, das es nicht sei. Ihre Forderung ist, Geschlecht grundsätzlich als soziokulturelles Konstrukt zu begreifen. Dass dies nicht ganz von der Hand zu weisen ist, bestätigen neuere Hirnforschungen (*siehe* Moderne Hirnwissenschaft: „olle Kamellen" oder neue Einsichten, S. 130).

Aber – für unseren Alltag ist diese wissenschaftliche Diskussion nicht so entscheidend: Wir sehen überall Männer und Frauen herumlaufen. Daran gibt es in den meisten Fällen keinerlei Zweifel. Die Gesellschaft – vor allen Dingen die Mediengesellschaft – orientiert sich daran, dass es zwei Geschlechter gibt. Sie schert sich einen feuchten Kehricht darum, dass manche TheoretikerInnen davon ausgehen, dass selbst die Zweigeschlechtlichkeit möglicherweise „konstruiert" sei. Im Gegenteil – heute wird sogar wieder (absichtsvoll oder unwissentlich?) ignoriert, dass Männer und Frauen von ihrer Natur so verschieden, wie uns heute wieder weisgemacht werden soll, gar nicht sind.

Was bedeutet „gender Mainstreaming"?

Mainstreaming kommt von *mainstream* (Hauptstrom) und bedeutet in etwa „zum Hauptstrom machen", „in den Hauptstrom bringen". *Gender mainstreaming* heißt also, danach zu trachten, dass alle gesellschaftlichen Ebenen gezielt unter dem Aspekt der Gleichstellung der Geschlechter betrachtet werden und deren Gleichstellung durchgesetzt wird. Der Begriff wurde erstmalig 1995 auf der 4. UN-Weltfrauenkonferenz in Peking geprägt. Durch die Aufnahme in den Amsterdamer Vertrag, der die Zusammenarbeit der Europäischen Union regelt, wird das *gender mainstreaming-Konzept* seit 1999 zum offiziellen Ziel der EU-Politik gemacht.

Gender mainstreaming meint, dass beide Geschlechter gleichermaßen in die politischen Überlegungen mit einbezogen werden sollen. Das Ziel des *gender mainstreaming* wird europaweit von weiten Teilen des politischen Spektrums anerkannt. Damit ist etwas anderes gemeint als mit ausdrücklich benannter „Frauenpolitik". Mit Frauenpolitik war – vor allem in den 1980er Jahren – die besondere Förderung der Frauen gemeint, die damit ihren „Rückstand" auf vielen gesellschaftlichen Gebieten aufholen sollten und gezielt gefördert wurden.

Es besteht also heute in Europa der Auftrag an jedes Land, das zur EU gehört, in seiner Verwaltung, in all seinen privaten und öffentlichen Organisationen und Unternehmen die unterschiedlichen Interessen und Lebenssituationen von Frauen und Männern in den Strukturen, der Gestaltung von Arbeitsprozessen und -abläufen, in der Kommunikation und Öffentlichkeitsarbeit von vornherein zu berücksichtigen, um das Ziel der Gleichstellung von Frauen und Männern effektiv verwirklichen zu können.[68]

12.
Sind Frauen von Natur aus anders?

Das ist eine Frage, die heute – wie in all den Jahren, seit Menschen ihr Denken aufschreiben – immer und immer wieder bewegt wird. Sie wird zum Aufmacher von Boulevardzeitungen, wird diskutiert in Talkshows und vor allem verbreitet durch erfolgreiche populärwissenschaftliche Bücher, die es mittlerweile im Supermarkt direkt am besten Verkaufsplatz an der Kasse gibt.

In der Frage „Sind Frauen von Natur aus anders?" steckt natürlich – ohne dass diese Frage ausdrücklich gestellt wird – noch eine zweite: Anders als was? Anders als Männer selbstverständlich! Wir sind geneigt, kurz und bündig zu antworten: Selbstverständlich sind Frauen anders, das sieht man doch! Oder aber wir wehren die Frage ab mit dem Hinweis, sie sei – in dieser Weise gestellt – völlig überholt durch Frauenbewegung und Genderdiskussion. Wir können uns aber auch die Frage stellen: *Warum* – um alles in der Welt – wird ausgerechnet gerade heute diese Frage erneut von allen Seiten wieder aufgeworfen?

Wem dient die Wissenschaft?

Mit der Frage nach der Natur der Frau hat sich seit jeher die Wissenschaft beschäftigt. Nun ist es dieser Gemeinschaft eigen, dass ihre Vertreter schon immer für sich in Anspruch genommen haben, die kluge Nase ganz vorn zu haben und „Wahrheiten“ zu verkünden.

Vorgeblich wissenschaftliche Argumentationen wurden seit jeher herangezogen, um Frauen zu diskreditieren. Je nachdem, welche Disziplin in einer gewissen historischen Zeit die wissenschaftliche Diskussion anführte, fielen die Argumente aus:

Im Mittelalter spekulierten die Theologen darüber, ob denn die Frau überhaupt eine Seele habe. Die Theologie hatte in diesen Zeiten die Definitionshoheit, sie war die einzig geltende Wissenschaft. Thomas von Aquin, einer der wichtigsten Lehrer der Kirchengeschichte überhaupt, dachte folgendermaßen über Frauen:

> *„Das Weib verhält sich zum Mann wie das Unvollkommene und Defekte (imperfectum, deficiens) zum Vollkommenen (perfectum).“*

Und etwas lebenspraktischer ausgedrückt:

> *„Der wesentliche Wert der Frau liegt in ihrer Gebärfähigkeit und in ihrem hauswirtschaftlichen Nutzen.“*

Diese männerherrliche und demütigende Beurteilung gipfelt in der Äußerung, die Frau sei ein Tier, ein „animal brutum“, kenne nur „Fraß und Koitus“ *(nach Karl-Heinz Deschner).*

Alte Thesen frisch auf den Tisch

Auch wenn solche frauenfeindlichen Behauptungen in dieser mittelalterlichen Beschränktheit heute natürlich nicht mehr geäußert werden, könnte doch eine eigenartige Verbindung zu den vielen naschenden Frauen in der Werbung bestehen, denen überall Produkte angeboten werden, mit denen sie ihre „Fresssucht“ stillen können („Du darfst, du darfst!“), gleichzeitig aber schlank bleiben können. Und das Bild der immergeilen Frau in den Köpfen der Männer wird von der Pornoindustrie auf allen Kanälen weiter bedient.

Mit dem Aufkommen der Naturwissenschaften bemühte sich die Medizin um neue Erklärungsmodelle für die Unterlegenheit der Frau. Lange wurde Frauen die Fähigkeit des Denkens überhaupt abgesprochen. So kennen heute noch viele Menschen die durchaus ernsthaft gemeinte Schrift des Arztes Paul Julius Möbius (1853-1907), Philosoph, Neurologe und Psychiater: „Über den physiologischen Schwachsinn des Weibes“, erschienen in Halle 1903 (die 12. Auflage 1922!).

Hintergrund des Buches ist ein ganz schlichtes Interesse: die Verteidigung des Männerbollwerks Universität. Das Buch gehört in die deutsche Polemik pro und contra (Medizin-) Studium der Frauen, das Frauen zwischen 1900 und 1908 nach und nach aufnehmen konnten.

Möbius meinte: Die Frau hat eine geringere geistige Begabung als der Mann. Die Frau ist körperlich und geistig ein Mittelding zwischen Kind und Mann. Sie lebt nur aus ihrem Instinkt. Der einzige Beruf der Frau ist die Mutterschaft und die Kindererziehung. Deshalb ist die Frau kindähnlich, deshalb auch ist die geistige Minderbegabung eine Notwendigkeit.[69]

Erst im 20. Jahrhundert wurde nach langen Kämpfen der Frauen offiziell anerkannt, dass auch Frauen über Intelligenz verfügten, sie fähig seien, eigenständig zu denken, und es wurde ihnen das Recht zum Studium eingeräumt. In Preußen durften Frauen ab 1908 studieren.

„Der Frauen Natur und Recht“ – Hedwig Dohm

Wenn Sie einmal eine ironische, selbstbewusste und höchst amüsante Schrift – das ist sie möglicherweise nur heute nach bestandenen Kämpfen und errungener rechtlicher Gleichberechtigung der Frauen – der ersten Frauenbewegung lesen wollen, greifen Sie zu Hedwig Dohms „Der Frauen Natur und Recht“. Sie beschäftigt sich darin mit dem angeblich natürlichen Charakter der Frauen, den sie – wie auch Äußerungen über die natürliche, eingeborene Volksseele einer beliebigen Nation – als „metaphysischen Aberglauben“ (S. 4) bezeichnet.
Unterschiede, die sie ausmacht, sieht Hedwig Dohm begründet in der Klassenzugehörigkeit, in der persönlichen Lebensgeschichte und der Erziehung des Individuums – nicht aber im Geschlecht (S. 13). (Auch hiermit steht Dohm den Theoretikerinnen nahe, die heute eher von einer großen Unterschiedlichkeit, der „diversity“, der Frauen ausgehen als davon, dass es „die Frau an sich“ gibt.)
Dohm wandte sich auch mutig gegen die damaligen wissenschaftlichen Autoritäten. Die sahen nämlich – wie Rudolf Virchow – das Besondere des Weibes verursacht durch eine Drüse, mit der nur das Weib ausgestattet sei und die verantwortlich sei für „die Tiefe des Gefühls, der Wahrheit der unmittelbaren Anschauung, Sanftmut, Hingebung, Treue“ (Virchow bei Dohm, S. 54).

Heute, über 125 Jahre später, bringen Wissenschaftler durch die Hintertüre erneut biologische Erklärungen für beobachtbare unterschiedliche Verhaltensweisen von Männern und Frauen an. Ausgemacht haben sie das Gehirn, und die linke und rechte Gehirnhälfte müssen für mancherlei Unfug herhalten.
Hedwig Dohm sagte damals zur wissenschaftlichen Begründung der angeblichen Natur der Frau etwas, das wir heute genauso gelten lassen könnten:
„Die Feststellung aber, das heißt die wissenschaftliche Begründung dieser Unterschiede, geht über die Fassungs- und Erkenntniskraft unseres Zeitalters hinaus ... Überzeugungen, deren Quellen Glauben und Gefühl sind, mögen subjektiv für den Inhaber derselben entscheidend sein, für die Erkenntnis sind sie wertlos.“ (S. 53)

Dr. Heinz Graupners „Frauenspiegel“

Nachdem die europäische Frauenbewegung einige Erfolge erreicht hatte, wurde versucht, Frauen in erster Linie nicht mehr mit der Begründung ihrer von Natur aus mangelnden Intelligenz, sondern mit ihrer von Natur aus wesensmäßig „anderen“ Aufgabe davon abzuhalten, sich als gleichberechtigte, vollständige Person an allen öffentlichen Angelegenheiten zu beteiligen: nämlich mit der Mutterschaft.

Ein schönes Beispiel ist das Buch „Der Frauenspiegel. Eine Biologie der Mutter“ des Dr. Heinz Graupner, erschienen 1940. Es handelt ausdrücklich von der Biologie, also der Natur der Frau. Die folgenden Aussagen machen deutlich, wie nützlich es ist, wenn wir heute deutlich zwischen biologischem Geschlecht und sozialem Geschlechterverhalten unterscheiden:

Aus dem Kapitel: *Die Gattenwahl*
„Diese Aufgabe ... ist die einzige naturgegebene politische Aufgabe, für welche die Frau Leistungen großer Art vollbracht hat und vollbringt, täglich und stündlich.
Es ist kindlich, behaupten zu wollen, man dränge die Frau mit einer solchen Einstellung in Küche und Kinderstube. Erstens kann nun einmal der Mann den Platz in Küche und Kinderstube nicht ausfüllen, und irgendjemand muss ja schließlich in diesen beiden wichtigsten Räumen des Hauses wirken ...“[70]

Deutlicher kann ein Mann seine Ansprüche eigentlich nicht formulieren. Graupner, der Kenner der Natur der Frau, der in der Zeit des Nationalsozialismus seine Bücher schrieb, hat sicherlich nicht gemeint, dass dem Mann bei der Hausarbeit möglicherweise sein Penis im Wege wäre, sondern dass der Mann eben von Natur aus nicht in die Küche passe. Aber welche Natur meinte er?

Dr. Graupners Argumentation ähnelt doch fatal der Argumentation von Eva Herman, die sogar noch über die Natur hinausgreift und obendrein die göttliche Hand im Spiel sieht, wenn es darum geht, mit Bezug auf den „Schöpfungsauftrag“ der Frau ihren Platz im Leben und an der Seite des Mannes zuzuweisen.

Diese absurde biologistische Vorstellung von der Natur der Frau ist also gar nicht so alt, hat sich aber ziemlich hartnäckig eingenistet! Übrigens hat Dr. Graupner nicht aufgehört zu schreiben. Bis in die späten 1950er veröffentlichte er weiter Bücher wie „Hygiene des Alltags“ (Merkur-Verlag, 1948), „Das Hausbuch der Gesundheit“ (Schneekluth, 1957) oder aber „Das Elternbuch“ (Piper Verlag, 1955) und „Söhne und Töchter“ (Piper, 1957) zum Thema. Er war ein Mann und einfacher Mediziner, der – aufgrund seiner sich selbst zugeschriebenen und auch von den Verlagen zugestandenen Kompetenz in Sachen Natur und Biologie (übrigens auch Verfechter nationalsozialistischer Rassenhygiene) – unermüdlich und weiterhin lange nach dem Nationalsozialismus in der jungen Bundesrepublik über Muttersein, Küche, Kinder und Kinderzimmer schrieb.[71]

1950er Jahre-Weibchen

Die 1950er Jahre stehen in unserer Erinnerung als *die* Zeit der deutschen Hausfrau. In dieser Zeit war – will man Stimmen aus der Vorzeit wie Graupner und dem modernen Echo Eva Herman Gehör schenken – die Welt noch in Ordnung und die Frau an dem Platz, den die „Natur" ihr zuwies. Mit dem Wort „50er" Jahre werden fast unmittelbar die Bilder lebendig, die z. B. im Fernsehen u. a. mit den Heinz Erhardt-Filmen verbunden sind: liebende Frauen, junge Mädchen mit schmaler Taille im Petticoat und Baby Doll, getrieben von dem innigen Wunsch, den richtigen Mann zu finden, an dessen Seite sie ihr Leben verbringen, dem sie ergeben sind und dem sie Kinder „schenken", den sie anhimmeln und was der Klischees weiter sind.

So etwa war das vorherrschende Bild der Frau in den Nachkriegsjahren – aufgrund ihres biologischen Frauseins wurde ihr der Platz als Familienmutter im Haus zugewiesen. In den Jahren kurz nach dem Krieg fehlte Arbeit. Die Männer kamen zurück und drängten auf den Arbeitsmarkt, brauchten Arbeit, um ihrer „natürlichen" Männlichkeit gemäß „draußen" tätig zu werden. Frauen sollten wieder zurück in die Küche, zu ihren Kindern. Dabei hatten sie sich vorher allein durchschlagen müssen.

Das Schlagwort, das das Frauenbild dieser Nachkriegsjahre beschreibt, sind die so genannten *drei Ks – Kinder, Küche, Kirche.* Mit dieser eingängigen Alliteration werden die den Frauen gepredigten Wertvorstellungen in Deutschland umschrieben und der Frau der ihr gebührende Platz in der Gesellschaft zugewiesen: nicht draußen, sondern drinnen. (Es ist dies übrigens keine Erfindung der 50er Jahre, sondern bereits im 19. Jahrhundert wurden die Frauen mit den *drei Ks* in Verbindung gebracht.) Die Frau sollte sich um die Erziehung des Nachwuchses kümmern, Ehemann und Kinder versorgen und darauf achten, dass die moralischen Prinzipien, wie sie die Kirche befahl, eingehalten würden.

Die Frauenbewegung der 1970er Jahre hat mit diesen verstaubten Vorstellungen flächendeckend aufgeräumt. Und wir hatten gedacht, es sei damit getan und erledigt! Weit gefehlt. Heute stellen hart gesottene Männer wieder, ohne dass sie Beklemmungen bekommen, die Frage: „Was ist eine Frau in der Küche?“ Und geben sich dann schenkelklopfend gleich selbst die Antwort: „Artgerechte Haltung – haha!!“

Moderne Hirn-Wissenschaft: „olle Kamellen“ oder neue Einsichten?

Heute sind es die Hirnmediziner und populärwissenschaftliche AutorInnen, die sich gewinnbringend von deren wissenschaftlichen Abfällen ernähren, die sich mit dem Thema „Natur der Frau“ beschäftigen. Sie kolportieren mit Inbrunst unbewiesene Spekulationen der heute dominierenden Hirnforschung.

Zum internationalen Bestseller wurde das Buch „Warum Männer nicht zuhören und Frauen schlecht einparken“ von Barbara Pease und ihrem Mann Allan. Viele kennen es, aber vor allem Männer beziehen sich gern und mit befriedigtem Lächeln auf dessen populäre Thesen. Unterhaltsam bestätigten die Peases gängige Geschlechterklischees und verdanken dem offensichtlich ihre Popularität. Genauso erfolgreich war der Nachfolgeband „Warum Männer lügen und Frauen immer Schuhe kaufen“.

Die Psychologin und Medizinerin Claudia Quaiser-Pohl und die Neurobiologin Kirsten Jordan antworten direkt auf diese Thesen, die zurzeit kolportiert werden. „Warum Frauen glauben, sie könnten nicht einparken – und Männer ihnen Recht geben" heißt ihre wissenschaftliche Antwort auf den oben genannten Bestseller, und ihre Titelformulierung verrät, dass die Autorinnen der Ansicht sind, dass Männer gern solche Thesen hören und es ihnen Auftrieb gibt.

Die Autorinnen (und Autoren) des Sammelbandes setzen sich anhand neuester wissenschaftlicher Befunde mit der vor allem in nicht-wissenschaftlichen Kreisen gerade in letzter Zeit wieder oft diskutierten Frage auseinander, ob Männer und Frauen wirklich so verschieden sind. Durchaus auch unterhaltsam zeigen sie, wie der Millionenbestseller von Allan und Barbara Pease im Grunde „auf Basis einiger gezielt ausgewählter, meist älterer und zum Teil falsch interpretierter wissenschaftlicher Befunde" argumentiert.[72]

Dabei geht es gar nicht darum, *dass* und *ob* es gewisse Unterschiede im männlichen und weiblichen Gehirn gibt, es geht vor allem darum, dass aus einigen Befunden von Differenzen und Andersartigkeiten plötzlich weit reichende Schlüsse von diesen AutorInnen gezogen werden. Neurowissenschaftler Markus Hausmann von der Ruhr-Universität Bochum, in Leonardo, einer Wissenschaftssendung von WDR 5, am 6. Juni 2007:

> *„Und zu diesen Büchern – als Wissenschaftler rauft man sich die Haare, weil da wirklich halt die Sachverhalte vereinfacht dargestellt werden und letztlich Unwahrheiten gesagt werden."*

Er meint damit das ebenfalls weltweit zum Verkaufsschlager gewordene Buch der amerikanischen Psychiaterin Louann Brizendine. Geht es nach ihrem Buch „Das weibliche Gehirn – Warum Frauen anders sind als Männer", sind Männer und Frauen zum Anderssein verdammt, weil ihre Gehirne so unterschiedlich sind.

Nur eine Sache – oder gar nichts tun?

Auf meine Bitte, mir die Tarifdaten zu nennen, während er gerade dabei war, meine Kundennummer aufzurufen, bat der nette Mann im Callcenter der Telekom um ein wenig Geduld, denn ich wisse ja, ein Mann könne immer nur eine Sache zur Zeit machen. Ja, fast jeder Mann hat das verinnerlicht und kann solch ein Argument seiner Frau kurz und vergnügt hinwerfen, wenn er den Müll nicht runterbringen will, weil er sich doch auf den Weg konzentrieren muss!

Diese biologistischen Erklärungen, die Frau sei „sozialer“. „behütender“, „versorgender“, weil dass in ihrer Gehirnstruktur angelegt sei (sie hockte einst am Feuer und er ging jagen – so können wir das dann in Büchern auf dem Niveau einer Eva Herman lesen), stehen in vielen Boulevardzeitungen und schallen uns selbst am Telefon entgegen!

In der Wirtschaft sind Männer noch immer die besseren Frauen!

Vor allem viele Trainer und Trainerinnen in Unternehmen gehören zu den VerbreiterInnen der Konzepte, dass die Kompetenzen und Verhaltensweisen von Frauen und Männern aufgrund ihres Gehirns grundsätzlich anders gewichtet seien.

Zu den Eigenschaften, die heute am Arbeitsmarkt ausdrücklich gefordert werden, gehören die explizit als „weiblich“ genannten Attribute, Denkmuster und so genannten sozialen Kompetenzen wie Dialogfähigkeit, Kontakt- und Konfliktfähigkeit, Fähigkeit zum Perspektivenwechsel, zur Empathie usw. – all diese „Schlüsselqualifikationen“ werden heute qua Geschlecht den Frauen zugeschrieben.

Trotzdem finden wir so wenig Frauen in den Führungspositionen. In der Realität sitzen da, wo diese Fähigkeiten heute angeblich ganz besonders gefordert werden, hauptsächlich immer noch Männer. Sind Männer also letztlich doch mit mehr „weiblichen" Kompetenzen ausgestattet? Oder werden die Fähigkeiten der Frauen gar nicht so dringend gebraucht?

Aber damit ist es noch nicht genug. Es sind nicht nur die Männer, die sich selbst in der „natürlichen" Rolle des Mächtigen, Aktiven sehen und diese Rolle, da sie angeblich ihrer Natur entspricht, stolz übernehmen und sich in die Brust werfen. Auch Frauen sind infiziert von diesem neuen Biologismus, auch in unseren Hirnen hat er sich festgesetzt: Frauen sind besonders beziehungsfähig – der Mann ist derjenige der abwehrt, kämpft und siegt, er agiert gegen das Gegenüber –, die Frau nimmt sich ihres Gegenübers an. Das scheint nun mal ihre Natur. All diese Zuschreibungen, von denen wir dachten, dass sie seit Jahrzehnten passé seien, bekommen wir als angebliches Ergebnis der modernen Hirnwissenschaft nun wieder vorgesetzt.

Die jüngst so populär gewordenen Bücher machen Folgendes: Sie greifen Beobachtungen der Hirnforschung auf und bauen sie in die von ihnen geteilten Klischees und Stereotype über Männer und Frauen ein.

Bei den Untersuchungen von weiblichen und männlichen Gehirnen geht es meist um das räumliche Sehen und die Fähigkeit sich im Raum zu orientieren. Außerdem wird untersucht, wie die Gehirne durch Sexualhormone gesteuert werden.

Auch Quaiser-Pohl, Jordan und andere WissenschaftlerInnen haben in der Tat festgestellt, dass sich die Gehirntätigkeit von

Männern und Frauen unterscheidet. Aber selbst dann ist in vielen Fällen noch keine Aussage darüber zu treffen, ob diese Unterscheidung von Natur aus – durch Geburt – besteht oder erlernt ist.

Denn – und das ist doch beruhigend zu wissen – unser Gehirn lernt und entwickelt sich. So konnten WissenschaftlerInnen feststellen, dass eine der Stellen im Gehirn, die für die Orientierung zuständig sind, bei Londoner Taxifahrern sehr viel größer war als bei anderen Menschen.[73] Der Schluss, den ein vernünftiger Mensch daraus zieht, ist: Durch Training – immer wieder neu Orientierung suchen – wird das Gehirn an dieser Stelle „dicker", so wie ein Bizeps. Kein vernünftiger Mensch käme auf den Gedanken anzunehmen, dass diese Taxifahrer von Natur aus so ein „dickes" Orientierungsorgan haben und sozusagen den ihnen angemessenen Beruf ergriffen hätten. Stellen Gehirnforscher aber fest, dass Frauen viele Dinge gleichzeitig machen (können), scheint es manchen opportuner zu sein, dies in erster Linie für Natur zu halten denn für erworbenes, weil ständig wiederholtes Verhalten. Die Biologin Katrin Nikoleyczik stellt fest:

> *„Es ist also keineswegs so, dass wir nur sagen können: Unser Gehirn und unser biologischer Körper ist Ursache unseres Handelns, unserer Strategien und unserer Fähigkeiten. Vielmehr ist dieses biologische, körperliche Material des Gehirns auch Resultat unserer Strategien und Handlungen."*[74]

Die Unterschiede zwischen einzelnen Individuen – so betonen viele Forscher und Forscherinnen – sind größer als die Unterschiede zwischen Frauen und Männern.

Dass der Mensch nicht durch eine genetische Natur determiniert ist, dass nicht alles von vornherein und von Anbeginn festgelegt ist, das erklärt Joachim Bauer. Der Neurologe, Psychiater und Therapeut von der Universität Freiburg zeigt, dass der Mensch sich entwickelt, und zwar in den Beziehungen, in denen er lebt. Es gibt kein genetisches Programm, das unbeirrt und unabänderlich abgespult wird. Unser Programm wird durch Beziehungen(!) und durch Erfahrungen in Gang gesetzt, es wird ein ganz persönliches Programm. „Das Gedächtnis des Körpers – Wie Beziehungen und Lebensstile unsere Gene steuern“ heißt das interessante Buch, das jede Frau lesen sollte, die sich gegen den modernen Biologismus argumentativ zur Wehr setzen will.

13.
Was können wir tun?

Die „Weibchenrolle“, die heute unter Frauen wieder beliebt geworden ist, und die neue „Hauptrolle Mutter“ haben zwei Dinge gemeinsam: Erstens sind beide sexualisierte Rollen. Frauen, die als Weibchen auftreten, präsentieren sich in erster Linie als Geschlechtswesen, die hauptsächlich unter dem sexualisierten Blick leben und aufblühen. Sie brauchen den Blick von außen, sie stellen sich als Objekt „Weibchen“ der Öffentlichkeit. Und sie übernehmen diese Weibchenrolle, weil sie von außen an Frauen herangetragen wird. Durch die Bilder der Medien und der Werbung erfahren Frauen, dass diese Rolle offensichtlich eine ist, mit der Frauen Erfolg und Anerkennung erringen können.

Die „Hauptrolle Mutter“ schließt sich sozusagen an: Die biologische, weibliche Fähigkeit zu gebären und Mutter zu werden, wird zur wesenhaften und ausreichenden Kennzeichnung der Frau erklärt, und alle anderen Fähigkeiten des weiblichen Menschen werden dieser nachgeordnet.

Zweitens sind beide Rollen von den Medien unterstützte Rollen. Die Weibchenrolle braucht die Bühne, die ihr die Medien bieten. Da wirken sie, da gibt man ihnen viel Raum an der Rampe, aber bedeutungslose Textbücher. Die Weibchenrolle ist in den Bildern so präsent, dass wir annehmen könnten, diese Frauen seien überall. So ist es zum Glück nicht, aber die

Weibchen wirken auf ihr Publikum, auf junge Frauen, die ihnen nacheifern wollen.

Willst du eine Hilton sein?

fragt VIVA und gibt in zehn Kapiteln grundlegende Tipps für sexy Klamotten, Handtäschchen, Hündchen und Wichtigtuerei. In den Innenstädten sehen dann nach der Schule die verblüfften Älteren „echte" 12-14-Jährige mit kleinen Handtaschenhündchen à la Paris Hilton.

Die „Hauptrolle Mutter" ist in der Diskussion, weil diese Frage in und von den Medien diskutiert wird. Ohne Talkshows und Promotion hätte das Thema nicht so viel Wirbel gemacht. Dass das Leben der meisten Frauen es gar nicht zulässt, diese Rolle zu übernehmen, ist denjenigen Frauen klar, die berufstätig sein *müssen*, um sich und ihre Familie und/oder Kinder zu ernähren. Und es ist auch denen klar, die in einem Beruf arbeiten *wollen*, dass sie – sogar meist auch durch die zeitweise Übernahme der Rolle – auf lange Sicht ihre persönlichen Entfaltungsmöglichkeiten einbüßen.

Genau in dem Jahr, in dem zum ersten Mal eine Frau Bundeskanzlerin in Deutschland ist, erhebt sich eine ganze Riege von Männern und auch Frauen, die behaupten, die wahre Bestimmung der Frauen läge in Mutterschaft und Herdhüten. Gleichzeitig haben Bücher Hochkonjunktur, die durch unhaltbare biologistische und populärwissenschaftliche Plattitüden kolportieren, Frauen seien so ganz anders, weil ihr Gehirn geprägt sei durch die Zeiten der Jungsteinzeit, in der sie das Feuer hüteten und die Männer mutig auf die Jagd gingen.

Ist das nur eine Reaktion auf die erfolgreichen Frauen, die die gesetzliche Gleichstellung errungen haben und langsam anfangen, sich auch an den echten Spitzenpositionen durchzusetzen, wie das Angela Merkel gemacht hat? Die Politikwissenschaftlerin Barbara Holland-Cunz: „Kaum geht es einen Schritt nach vorne, schon schwillt der Mahngesang, der vor dem Untergang warnt. Das ist der klassische Backlash.“[75]

Es scheint nachvollziehbar, dass Männer, die weiterhin in den Positionen sitzen, wo Entscheidungen getroffen werden, ein Szenario einer emotional erkalteten Gesellschaft beschwören, weil Frauen die Familie nicht mehr zusammenhalten. Vielleicht ist es aber auch die Verteidigung der eigenen angestammten Pfründe, der rarer werdenden Arbeitsplätze, wenn Frauen nun auf breiter Front aus allen Ecken entgegenschallt, sie sollten aufgrund ihres „Seinsauftrages“ die Gesellschaft vor dem Untergang retten, diese Verteidigung aber allein ausfechten im privaten Raum ihrer Wohnung. Wo auf der argumentativen, logischen Ebene nichts mehr geht, werden biologistische Argumente bemüht, um Ungleichheit aufrechtzuerhalten.

„Alte“ oder „neue“ Frauenbewegung?

Die Zeit, dass junge Frauen selbstverständlich gedacht haben, sie seien emanzipiert und könnten alles erreichen, wenn sie es denn nur wollten, scheint vorbei. In der Wirtschaft wird es immer deutlicher, dass die liberale Floskel „Wer will, der kann“ und der ist auch erfolgreich, Unsinn ist. Es liegt eben nicht an mangelnder Qualifikation und am fehlenden Willen, wenn qualifizierte Menschen – egal, ob Männer oder Frauen – keine Arbeit finden. Je deutlicher wird, dass es sich um kein individuelles Versagen des Einzelnen handelt, desto klarer wird es auch jüngeren Frauen, dass sie dem Irrtum der Individualisierung unterlagen, wenn sie die Schuld dafür, dass etwas nicht so klappte, wie sie es sich gedacht hatten, im persönlichen Unvermögen sahen. Die Zeiten sind vorbei, dass ganz selbstverständlich von der Gleichheit der Frau gesprochen wird; heute wird die „andere Natur“ der Frauen mit Vorliebe von Intellektuellen beschworen: Die Schriftstellerin Karen Duve meint in der ZEIT (vom 24.8.2006): „Ich fürchte, intelligente Frauen werden gar nicht darum herumkommen, sich wieder zum Feminismus zu bekennen.“

Es werden also immer mehr Stimmen unter Frauen laut, die Frauen eine entschiedenere feministische Position anempfehlen, die einen (neuen) Feminismus fordern. Das ist gut, finde ich. Allerdings sollten Frauen sich nicht ins Bockshorn jagen lassen. Die Rechte, die Frauen heute haben, wurden in den 1970er und 1980er Jahren des letzten Jahrhunderts von Frauen erstritten. Diese Frauen waren kämpferisch und hatten klare Forderungen. Das wurde ihnen von denen, die sich gegen diese Forderungen zur Wehr setzten, nicht nur nicht gedankt, sondern, wie in all den Jahrhunderten der Kämpfe um Frauenrechte und Gleichberechtigung, sie wurden ganz selbstverständlich immer wieder verunglimpft und lächerlich gemacht. Humorlos seien sie gewesen, sie hätten vor allem die „Opferrolle“ besetzt und (böse) Täter ausgemacht.

Wenn sich heute Frauen wieder Gedanken darüber machen müssen, ob eine dezidiert feministische Position vonnöten sei, dann sollten sie sich nicht von der Geschichte des Feminismus abschneiden lassen. Mit Sicherheit wird Frauen auch heute, wenn sie entschieden und ohne irgendein nachsichtiges Lachen wieder auf ihre Rechte und ihre Würde pochen – sich gegen sexistische Werbung zur Wehr setzen, gegen die Pornographisierung unserer Umwelt protestieren und gegen biologistischen Unsinn –, erneut humorlose Rigidität, prüde Rückwärtsgewandtheit und emotionale Kälte vorgeworfen werden.

In jeder politischen Diskussion wird differenziert dafür plädiert, nicht aus der späteren, historischen Perspektive Urteile über das Verhalten von Menschen zu fällen, die im Augenblick des Geschehens mit ihren existenziellen Nöten und Problemen beschäftigt waren. Zumindest diese historische Haltung sollte den Blick heutiger Frauen auf die Frauenbewegung von vor 30 Jahren bestimmen: erst die Tradition, dann die Abgrenzung. Erst das Positive, dann die Kritik. Erst die Wertschätzung, dann die Bedenken.

Die angemessene Wertschätzung dem gegenüber, was aktive Frauen der Frauenbewegung erreicht haben (auch die Frauen im 19. Jahrhundert), lässt sich mit ein bisschen Phantasie und ohne große Mühe hervorrufen: Ich stelle mir manchmal vor, wie es wäre, wenn meine Mutter nicht so energisch mitgekämpft hätte und mein Mann heute das Recht hätte, mir „zu erlauben", dass ich berufstätig bin. Ich stelle mir vor, dass all die Männer, die heute wieder ungehindert kleine Zoten reißen, und all die kleinen Machos, die in den Comedysendungen und Mittagstalkshows das Maul aufreißen, wirklich das Recht hätten, die Phantasien, die sie auf der Zunge führen, in die Tat umzusetzen. Ich phantasiere, dass die Intellektuellen, die mit Eloquenz höchstselbst weibliche Natur und Hirnstruktur definieren, diese Gedanken zur Grundlage von Gesetzen machen könnten – wie es schon einmal war. Danach bin ich immer froh und glücklich, dass es eine Frauenbewegung gegeben hat!

Wir sind selbst verantwortlich

Was können Frauen tun? Wie können Frauen Dinge ändern? Die Juristin Ulrike Schultz:

> *„Bezogen auf die Frauenbilder: anders machen, aufklären, sensibilisieren! Bezogen auf die berufliche Situation von Frauen in Medien und Werbung: Über die Einhaltung gesetzlicher Regelungen zur Frauenförderung und Gleichstellung wachen, netzwerken, Frauen fördern z. B. durch Mentoring, sich gegenseitig unterstützen, und immer: protestieren! Beharrlich und unermüdlich."*[76]

Frauen können aber noch mehr tun. Denn wir sind für jede unserer Taten verantwortlich. Deshalb können wir mit unseren Handlungen etwas verändern. Wir stehen in einer Geschichte, die wir mit unserer eigenen Entwicklung mitschreiben. Und wir können auch mit unseren (kleinen) Taten in unserer unmittelbaren Umgebung eine ganze Menge bewirken. Denn die eigentlichen Veränderungen geschehen im Alltag. Frauen sollten sich nicht auf diese gefährlichen Rollenspiele einlassen, sondern im Kontakt mit Männern entschieden auf die ganze Palette ihrer Fähigkeiten pochen und sich nicht reduzieren lassen, weder auf sein „Weibchen“ noch auf die Mutter „seiner“ Kinder.

> *„Das Tun des einen ist das Tun des anderen. Jeder Einzelne ist damit Schöpfer der eigenen Wirklichkeit wie der Wirklichkeit des anderen – oder anders ausgedrückt: Jeder einzelne Mensch ist Schöpfer der zwischen beiden entstandenen Beziehungswirklichkeit. Damit haben beide in gleicher Weise die Möglichkeit der kreativen Umgestaltung, der Veränderung dieser Beziehung. Beide sind für diese Beziehung verantwortlich.“*[77]

Frauen sollten sich selbst in ihren Beziehungen zu Männern wieder genauer beobachten und sich in Wort und Tat bewusst emanzipiert verhalten und auch wieder entschieden reagieren, wenn ihnen nicht angemessen begegnet wird.

> *„In gewissem Grad sind wir wirklich das Wesen, das die anderen in uns hineinsehen, Freunde wie Feinde. Und umgekehrt! Auch wir sind die Verfasser der anderen; wir sind auf eine heimliche und unentrinnbare Weise verantwortlich für das Gesicht, das sie uns zeigen, verantwortlich nicht für ihre Anlage, aber für die Ausschöpfung dieser Anlage.“ (Max Frisch)*[78]

Unsere Identität ist, mehr, als wir gemeinhin annehmen, ein Beziehungsvorgang. Wir sind verantwortlich für uns selbst – und das ist ein ermutigender Gedanke –, aber auch für die Menschen, denen wir begegnen und mit denen wir zusammenleben.

Anmerkungen

1. Vgl. Eintrag „Weib“ zum Beispiel in: Wahrig. Deutsches Wörterbuch oder auch http://www.dwds.de/?woerterbuch=1&qu=Weib. © 2003 Berlin-Brandenburgische Akademie der Wissenschaften.
2. Veronika Weidinger, http://fm4.orf.at/connected/175866. Vgl. auch http://volleyball-schwaz.at/index.php?option=com_frontpage&Itemid=1
3. Ariadne von Schirach beschreibt in ihrem Buch „Tanz der Lust“, München 2006, die Pornographisierung unserer Gesellschaft, den Zwang, „sexy“ sein zu müssen und die Verflüchtigung des Begehrens. Dass das Begehren, das durch die permanenten Reize ausgelöst werde, nicht mehr befriedigt werde – zumindest nicht vom dargebotenen oder betrachteten Objekt –, liege in der narzisstischen Selbstbezogenheit der sich so präsentierenden Menschen. Sie sind sexy, um autoerotisch zu bleiben.
4. Wilk, Nicole M.: Der Faden ist gerissen. Körperideale in der Werbung als Spiegel gesellschaftlicher Verhältnisse. Dokumentation der Fachtagung „Frauen in Medien und Werbung“, hrsg. von der Gleichstellungsbeauftragten der Stadt Düsseldorf 2006 (erscheint Juli 2007)
5. Heike Faller: Haben wir dir Emanzipation verspielt? In: DIE ZEIT 17/2006 vom 20.04.2006
6. Thea Dorn, Die neue F-Klasse, München 2006, S. 37
7. http://www.portal-der-schoenheit.de/blog/2005/09/08/gesellschaft-fur-asthetische-chirurgie-deutschland-warnt-vor-stereotypen-schonheits-idealen/pressemitteilungen-der-gacd/
8. Werner Mang, Interview im Stern vom 31. Mai 2005 auf: http://www.Marliesstern.de/lifestyle/mode/:Interview-Diese-WProzentFCn-sche-Chirurg/540997.html
9. Hesse, Marlies: „Frauen in der Medienwelt. Wer macht die Nachrichten?“ Referat auf der Fachtagung 16. September 2006 in Düsseldorf. Abgedruckt in: „Frauen in Medien und Werbung“, hrsg. von der Gleichstellungsbeauftragten der Stadt Düsseldorf, Juli 2007
10. Ebd.

11. Angelika Paseka: Über die Nicht-Darstellung von Frauen in den Medien, in: Medienimpulse, Heft 51, 2005, S. 37-44
12. Siehe zu Beckmann die tolle Analyse von Birgit Kienzle in der EMMA März/April 2005
13. Vgl. Sichtermann, Barbara; Kaiser, Andrea: Frauen sehen besser aus. Frauen und Fernsehen. München 2005
14. Kant zitiert in: Susanne Litzka, Frauen-Bilder, Wien 2001, S. 25
15. Rita Freedman: Die Opfer der Venus. Vom Zwang, schön zu sein, Zürich 1989, S. 90 zitiert in: Litzka S. 25
16. Freedman (1989), zitiert in: Susanne Litzka a.a.O., S. 90
17. Vgl. Nicole M. Wilk: Der Faden ist gerissen. Körperideale in der Werbung als Spiegel gesellschaftlicher Verhältnisse, a.a.O.
18. Vgl. ebd.
19. Aus: http://www.slogans.de; Vgl. auch: (http://www.planet-wissen.de/)
20. http://www.mdr.de/damals-in-der-ddr/lexikon/
21. Vgl. Nicole M. Wilk, a.a.O.
22. Schmerl 1993, S. 99f zitiert in: Susanne Litzka, a.a.O., S. 49
23. Gudrun Schäfer: Mädchen und Frauen zwischen Scheinwelt und Realität. Dokumentation der Fachtagung „Frauen in Medien und Werbung.", hrsg. von der Gleichstellungsbeauftragten der Stadt Düsseldorf 2006 (erscheint Juli 2007)
24. Gitta Mühlen Achs, Geschlecht bewusst gemacht. München 1998, S. 13
25. Ebd., S. 39
26. Vgl. ebd. S. 45-67
27. Jakob Levy Moreno, Psychodrama und Soziometrie, Stuttgart 1989, S. 107
28. Ebd. S. 105
29. Martina Rosenbaum; Ulrike Kroneck, Psychodrama. Eine praktische Orientierungshilfe, Stuttgart 2007, S. 73
30. Ebd.
31. Vom Glück des Stillens, PDF Datei auf der Homepage von Eva Herman
32. Eva Herman, Cicero, 05/2006
33. Shell-Jugendstudie 2006, S. 241
34. Eva Herman, Cicero, 05/2006
35. Desirée Nick, Eva go home, 2006, S. 172
36. Jana Simon, DIE ZEIT 37/2006 vom 7.9.2006

37. Eva Herman, Cicero, 05/2006
38. Susanne Gaschke: Input auf der familienpolitischen Fachtagung: „Beruf und Familie unter einen Hut kriegen? Was brauchen Männer und Frauen?" 26.09.2006
39. Antje Schrupp: Die Verantwortung der Frauen. Eins, zwei, drei oder viele: Susanne Gaschke denkt nach über Kinderkriegen, Erfolg und Emanzipation. http://www.fr-online.de/in_und_ausland/kultur_und_medien/literatur/?em_cnt=793246&
40. Mit seinem 1969 erschienenen Buch „Bindung – Eine Analyse der Mutter-Kind-Beziehung" begründete John Bowlby die Bindungstheorie.
41. Hurrelmann entwickelt in der Shell-Studie, S. 51 einen Index der sozialen Schicht aufgrund von: Schulabschluss des Vaters, finanzieller Lage, Wohnform, Anzahl der Bücher. So wird Unterschicht ein fassbarer Begriff, der nichts euphemistisch verbrämt, wie Politiker und Politikerinnen das gern tun, z. B. bei „Nullwachstum" oder „negatives Wachstum" für Stagnation und Abbau oder bei „Freisetzung" für Entlassung.
42. Aus: Frauen in Deutschland 2006 – Hrsg.: Statistisches Bundesamt, Wiesbaden, Destatis, S. 48
43. Shell Jugendstudie 2006, S. 52
44. Shell-Jugendstudie 2006, S. 242
45. Ulrike Ley; Regina Michalik: Im Zickzack zum Erfolg. Die Kunst der zweiten Karriere, Heidelberg 2006
46. Philippe Ariès, Geschichte der Kindheit, 1960, dt. 1975. Ariès bewies anhand von Bildmaterial und von Kinderspielen, dass das, was wir heute unter „Kindheit" verstehen erst im 17./18. Jahrhundert „entdeckt" wurde. Im Mittelalter gab es für Kinder so etwas wie Kindheit nur sehr bedingt.
47. Vgl. www.boeckler.de hier: Riesenfortschritte aber hohe Hürden auf dem Lebensweg. Impulse 5/2006
48. /www.destatis.de/indicators/ (= Statistisches Bundesamt Deutschland)
49. Statistisches Bundesamt: Frauen in Deutschland 2006, S. 29f.
50. Ebd., S. 30
51. Ebd., S. 29. 46 Prozent der im Jahr 2004 im öffentlichen Dienst erwerbstätigen Frauen waren teilzeitbeschäftigt (1,1 Mio.). Bei den im öffentlichen Dienst erwerbstätigen Männern waren es lediglich 11 Prozent (0,2 Mio.). Die Teilzeitquote im öffentlichen Dienst liegt damit sowohl bei Frauen als auch bei Männern höher als die der abhängig Erwerbstätigen in Deutschland insgesamt.

52. Bericht der EU-Kommission zum Weltfrauentag 2007, in: NOZ vom 8.3.2007
53. Statistisches Bundesamt, Frauen in Deutschland 2006. Die folgenden Angaben stammen aus diesem Bericht, S. 16ff. Abrufbar als PDF-Datei unter: www.destatis.de/indicators/
54. Statistisches Bundesamt, Frauen in Deutschland 2006, S. 20f. Die folgenden Angaben stammen aus diesem Bericht. Alle Angaben beziehen sich auf das Jahr 2004.
55. Ebd., S. 27
56. Online-Umfrage des Wirtschafts- und Sozialwissenschaftlichen Instituts der Hans-Böckler-Stiftung in Deutschland. www.frauenlohnspiegel.de
57. Susanne Asche; Anne Huschens (Hg.), Frauen, Frankfurt a. M. 1990, S. 124 f in: http://www.bpb.de/publikationen/2FD0S4,2,0,Gleichberechtigung_als_Grundrecht.html
58. „Eine der ersten Formulierungen für den Gleichheitssatz lautete: ‚Männer und Frauen haben dieselben staatsbürgerlichen Rechte und Pflichten.' So stand es schon in der Weimarer Reichsverfassung. Es bedeutete lediglich das aktive und das passive Wahlrecht: dass Frauen wählen durften und gewählt werden konnten. Und dann kam der nächste Satz: ‚Der Gesetzgeber muss Gleiches gleich, Verschiedenes in seiner Eigenart behandeln.' Elisabeth Selbert erkannte sofort, dass mit dieser Fassung alles beim Alten und vor allem die dringend nötige Reform des Familienrechts auf der Strecke bleiben würde." Aus: Astrid Springer: Nur ein Sturm im Wasserglas. Elisabeth Selberts Kampf um den Gleichberechtigungsartikel 3, Absatz 2 im Grundgesetz. Manuskript Südwestrundfunk 1.2.2007
59. 1955 war Frauenfußball verboten worden. http://de.wikipedia.org/wiki/FrauenfuProzentC3Prozent9Fball
60. Gitta Mühlen Achs, Geschlecht bewusst gemacht, 1998, S. 11
61. Christiane Funken: Glass ceiling – Fakt oder Fiktion, auf: http://www.total-e-quality.de/teq/files/182/de/DGLEB_050531_Redebeitrag_Funken.pdf
62. Margit Osterloh; Sabina Littmann-Wernli: Die gläserne Decke – Realität und Widersprüche: www.ion.unizh.ch/orga/downloads/publikationen. Sie haben eine Untersuchung in der Schweiz zum Fluktuationsverhalten der Frauen durchgeführt und einen Teufelskreis von diskriminierenden Erwartungen und Eintreten des Ergebnisses belegt. Die Frauen jedoch, die es nach oben schaffen, sind besonders(!) produktiv, hier trifft das „Urteil" der geringeren Produktivität nicht zu. Im Gegenteil.

63. Christiane Funken: s. Anm. 54, S. 5
64. Gitta Mühlen Achs, Geschlecht bewusst gemacht, 1998, S. 13
65. Antje Schrupp, Wo stehen wir Frauen heute, in: www.antje.schrupp.de
66. Eine gute Zusammenfassung der Gender-Diskussion liefert: Antonia Kühn: Kommt der Frauenbewegung ihr Subjekt abhanden? In: spw 124, 2002
67. Alice Schwarzer, Der „kleine Unterschied" und seine großen Folgen, Frankfurt a. M. 1975, S.193
68. Vgl. hierzu auch den Artikel in Wikipedia: Gender Mainstreaming
69. Vgl. M. H Bickel: Über den physiologischen Schwachsinn des Weibes. Möbius' provokatives Buch von 1900, in: Schweizer Ärztezeitung 2001; als pdf-Datei auf: www.saez.ch
70. Dr. Heinz Graupner: Der Frauenspiegel. Eine Biologie der Mutter, Berlin 1940, S. 198
71. Suchen Sie einmal im Internet „Heinz Graupner" und Sie werden bei so vielen Antiquariaten fündig, dass anzunehmen ist, dass seine Nachkriegsauflagen den Auflagen in den 1940er Jahren (die mir vorliegende Ausgabe ist das 23.-40. Tausend!) nicht viel nachstehen. Seine biologischen Nachschlagewerke wurden ins Schwedische und Spanische übersetzt. Ein kleines Vogelbuch (!) findet sich noch mit einer Ausgabe von 1983 in den Bücherverzeichnissen.
72. Vgl. Claudia Quaiser-Pohl; Kirsten Jordan, Warum Frauen glauben ..., München 2004, S. 11
73. Vgl. ebd. S. 89
74. Ebd. S. 168
75. Interview mit Barbara Holland-Cunz in: TAZ vom 25.11.2006, S. 12
76. Ulrike Schultz: Eine kurze Geschichte von Frauenbildern und Männerbünden, in: „Frauen in Medien und Werbung", a.a.O.
77. Martina Rosenbaum; Ulrike Kroneck, a.a.O., S. 35
78. Max Frisch: Mein Tagebuch 1946-1949, Frankfurt a. M. 1950, S. 30, zitiert in Riedel, Ingrid: Die Welt von innen sehen, Stuttgart 2007, S. 150

LITERATUR

Bauer, Joachim: Das Gedächtnis des Körpers. Wie Beziehungen und Lebensstile unsere Gene steuern. Erweiterte Taschenbuchausgabe, 9. Auflage, München 2007

Beauvoir, Simone de: Das andere Geschlecht, Reinbek bei Hamburg 1951

Dohm, Hedwig: Der Frauen Natur und Recht, Berlin 1876 (Reprint Ala, Neunkirchen 1986)

Dorn, Thea: Die neue F-Klasse. Wie die Zukunft von Frauen gemacht wird, München, Zürich 2006

Frauen in Deutschland 2006 – Hrsg: Statistisches Bundesamt, Wiesbaden, www.destatis.de

Gaschke, Susanne: Die Emanzipationsfalle. Erfolgreich, einsam, kinderlos, München 2006

Hark, Sabine; Kerner, Ina: Der Feminismus ist tot. Es lebe der Feminismus, in: www.querelles-net.de

Hesse, Marlies: „Frauen in der Medienwelt – Wer macht die Nachrichten?" in: Dokumentation der Fachtagung „Frauen in Medien und Werbung", hrsg. von der Gleichstellungsbeauftragten der Stadt Düsseldorf, Düsseldorf 2006 (erscheint Juni 2007)

Jugend 2006. Eine pragmatische Generation unter Druck (15. Shell-Jugendstudie), hrsg. von Shell Deutschland Holding. Konzeption Klaus Hurrelmann, Mathias Albert & TNS Infratest Sozialforschung, Frankfurt a. M. 2006

Kühn, Antonia: Kommt der Frauenbewegung ihr Subjekt abhanden? In: spw, Heft 124, Ausgabe 2/2002) http://www.spw.de/

Kullmann, Katja: Generation Ally, Frankfurt a. M. 2002

Litzka, Susanne: Frauen-Bilder. Die Konstruktion von Weiblichkeit in österreichischer Magazinwerbung. Diplomarbeit Universität Wien 2001

Mühlen Achs, Gitta: Geschlecht bewusst gemacht. Körpersprachliche Inszenierungen – ein Bilder- und Arbeitsbuch, München 1998

Nick, Desirée: Eva go home. Eine Streitschrift, Frankfurt a. M. 2007

Nentwich, Julia: Gleichheit, Differenz, Diversity oder Dekonstruktion? Verschiedene Geschlechter-Theorien und ihre Konsequenzen für die Gleichstellungsarbeit, in: Rote Revue – Zeitschrift für Politik, Wirtschaft und Kultur. Hrsg. Sozialdemokratische Partei der Schweiz, Heft 1/2006

Paseka, Angelika: Über die Nicht-Darstellung von Frauen in den Medien, in: Medienimpulse, Heft 51, 2005, S. 37-44

Quaiser-Pohl, Claudia; Jordan, Kirsten: Warum Frauen glauben, sie könnten nicht einparken – und Männer ihnen Recht geben. Über Schwächen, die gar keine sind, München 2004 (TB München 2007)

Riedel, Ingrid: Die Welt von innen sehen, Stuttgart 2007

Röser, Jutta; Kroll, Claudia: Was Frauen und Männer vor dem Bildschirm erleben: Rezeption von Sexismus und Gewalt im Fernsehen, Düsseldorf 1995

Schmerl, Christiane: Frauenbilder in der Werbung, in: Mühlen Achs, Gitta (Hg.): Bildersturm. Frauen in den Medien, München 1989, S. 183-204

Schäfer, Gudrun: Mädchen und Frauen zwischen Scheinwelt und Realität. Dokumentation der Fachtagung „Frauen in Medien und Werbung", hrsg. von der Gleichstellungsbeauftragten der Stadt Düsseldorf, Düsseldorf 2006 (erscheint Juni 2007)

Schirach, Ariadne von: Tanz der Lust, München 2006

Schultz, Ulrike: „Eine kurze Geschichte von Frauenbildern und Männerbünden", in: Dokumentation der Fachtagung „Frauen in Medien und Werbung", hrsg. von der Gleichstellungsbeauftragten der Stadt Düsseldorf, Düsseldorf 2006 (erscheint Juni 2007)

Schwarzer, Alice: Der kleine Unterschied und seine großen Folgen, erweiterte Ausgabe, Frankfurt a. Main 1977

Sichtermann, Barbara; Kaiser, Andrea: Frauen sehen besser aus. Frauen und Fernsehen, München 2005

Springer, Astrid: Nur ein Sturm im Wasserglas. Elisabeth Selberts Kampf um den Gleichberechtigungsartikel 3, Absatz 2 im Grundgesetz. Sendung im Südwestrundfunk 1.2.2007. Manuskript dort erhältlich.

Wilk, Nicole M.: Der Faden ist gerissen. Körperideale in der Werbung als Spiegel gesellschaftlicher Verhältnisse, in: Dokumentation der Fachtagung „Frauen in Medien und Werbung", hrsg. von der Gleichstellungsbeauftragten der Stadt Düsseldorf 2006 (erscheint Juni 2007)

Woolfe, Virginia: Ein eigenes Zimmer. Aus dem Englischen übersetzt von Heidi Zernig, Frankfurt a.M. 2005. Die Originalausgabe erschien 1929.